Arbeitsblätter

Vertretungsstunden Geschichte

15. bis 18. Jahrhundert

57 Arbeitsblätter für die Sekundarstufe I
mit Lösungsangaben

von
Günter Wettstädt

Ernst Klett Verlag
Stuttgart Düsseldorf Leipzig

9 783129 279069

1. Auflage 2002

A 1 5 4 3 2 1 | 2006 2005 2004 2003 2002

Alle Rechte vorbehalten
© Ernst Klett Verlag GmbH, Stuttgart 2002
Internetadresse: http://www.klett-verlag.de
E-mail: klett-kundenservice@klett-mail.de
Umschlaggestaltung: BSS Werbeagentur Sachse und Partner, Bietigheim
Illustrationen: Rudolf Hungreder, Leinfelden-Echterdingen
dtp: Kai Twelbeck, Stuttgart
Druck: Druckhaus Vogel, Echterdingen. Printed in Germany
ISBN 3-12-927906-7

Inhalt

Vorbemerkung 5

A 1   Gesucht wird... 6

A 2   Silbenrätsel um Reformation und Bauernkrieg 7

A 3   Puzzle zu einem blühenden Geschäft 8

A 4   Deutscher Bauernkrieg 9

A 5   Plünderung eines Klosters im Bauernkrieg 10

A 6   Ritterturnier aus dem Jahre 1509 mit kleinen Fälschungen 11

A 7   Vorläufer des Bauernkriegs 13

A 8   Der deutsche Bauernkrieg 14

A 9   Wodurch wurden sie berühmt? 15

A 10   Spurensuche im 16. und 17. Jahrhundert 16

A 11   Ein Stück Heimatgeschichte Württembergs, Bayerns und Badens 17

A 12   Welches Bauwerk gehört in welche Stadt? 18

A 13   Gesucht: Bauwerke – Baustile – Baumeister 19

A 14   Ein Puzzle aus der Zeit des Barock 20

A 15   Wer oder was passt nicht zueinander? 21

A 16   Große Künstler und Wissenschaftler in der frühen Neuzeit 22

A 17   Meister der Kultur im 17. und 18. Jahrhundert 24

A 18   Universitäten im späten Mittelalter und in der frühen Neuzeit 25

A 19   Berufe bedeutender Männer finden 27

A 20   Puzzle aus der Zeit der Renaissance 28

A 21   Die wichtigsten Baustile: Von der Romanik zum Klassizismus 29

A 22   Wer oder was war zur Zeit des Dreißigjährigen Krieges? 30

A 23   Puzzle: Wer findet die Lösung? 31

A 24   Belagerung Magdeburgs 32

A 25   Gesucht wird 34

A 26   Der Postreiter von 1648 35

A 27   Technische Erfindungen in der frühen Neuzeit 36

A 28   Handelszentren und Handelswege der Fugger 37

A 29   Das Fuggersche Wirtschaftsimperium um 1500 39

A 30   Typische Begriffe aus einem Wirtschaftsunternehmen im 16.Jahrhundert ... 40

A 31   Was stimmt nicht in der Schuhmacherwerkstatt? 41

A 32   Nürnberger Exportgewerbe – Berufe in der Kupferverarbeitung 42

Inhalt

A 33   Puzzle – hat mit dem Bergbau zu tun 44

A 34   Kontor eines Hamburger Großkaufmanns, Mitte 17. Jahrhundert 45

A 35   Kolonialreiche europäischer Mächte 46

A 36   Kolumbus landet auf Haiti 47

A 37   Seefahrer am Anfang der Neuzeit 49

A 38   Entdeckungsfahrten zu Beginn der Neuzeit 51

A 39   Orte, die für Brandenburg-Preußen bedeutsam waren 52

A 40   Wissensfragen aus der Geschichte der frühen Neuzeit 53

A 41   Gesucht wird 54

A 42   Ein typischer Preuße? 55

A 43   Bauwerk des Klassizismus 56

A 44   Gebietswachstum von Brandenburg und Preußen bis 1795 57

A 45   Kleiner Wissenstest 58

A 46   Migranten in Preußen 59

A 47   Drei Begriffe – ein Programm 60

A 48   Widerschein der Französischen Revolution in Deutschland 61

A 49   Auf geschichtlicher Spurensuche 63

A 50   Woran Briefmarken erinnern 64

A 51   Gedächtnistraining mit Geschichtsdaten 65

A 52   Geschichtsdaten im Zahlentopf 66

A 53   Herrschergeschlechter und Territorien 67

A 54   Wie ein hessischer Bauernsohn amerikanischer Bürger wurde 69

A 55   Was geschah wann in ...? Suche nach historischen Orten 70

A 56   Vergangenheit reicht in den Alltag der Gegenwart 71

A 57   Konzentrationsaufgabe: Gefragt sind Begriffserklärungen 72

Lösungen 73

Diese Arbeitsblätter für Vertretungsstunden im Geschichtsunterricht sind zur Unterstützung des Lehrers gedacht, der die Klasse und deren Entwicklungsstand nicht genau kennt, aber die Vertretungsstunde sinnbringend gestalten will. Die Arbeitsblätter sind so angelegt, dass sie im Wesentlichen von den Schülerinnen und Schülern in Stillarbeit bearbeitet werden können. Es gibt auch ein Angebot an praktischen Aufgaben, die in Freiarbeit oder auch im Fachunterricht gelöst werden können, zum Beispiel zu Aspekten des internationalen Wirtschaftsimperiums der Augsburger Fugger.

Bei der Entscheidung darüber, welche Arbeitsblätter den Schülerinnen und Schülern übergeben werden sollen, ist zu beachten, dass die Blätter eines Themenkreises unterschiedliche Schwierigkeitsgrade aufweisen und zum Teil vielleicht Anforderungen stellen, die über das durchschnittliche Niveau hinaus reichen. Entsprechend unterschiedlich ist der Zeitbedarf zur Lösung der Aufgaben, der natürlich auch vom individuellen Leistungsvermögen der Schülerinnen und Schüler abhängt.

Es wurde versucht, möglichst vielfältige Arbeitsformen anzubieten: von Rätseln verschiedener Art über fiktive Interviews, Lückentexte mit und ohne Alternativantworten zur Auswahl, Puzzles und Fotorätsel bis zu einigen Anregungen für Gedächtnis- und Konzentrationstraining. Der Schwerpunkt liegt auf der Wiederholung und Anwendung bekannten Wissens, zum Teil auch auf Ergänzung und Vertiefung dieses Wissens.

Thematischer Schwerpunkt der Arbeitsblätter ist das 15. bis 18. Jahrhundert. Demzufolge gibt es keinen „Spaziergang durch die Geschichte" von den Anfängen bis zur Gegenwart. Einer thematischen Verengung soll damit nicht das Wort geredet werden. Vielmehr soll der Hoffnung Ausdruck gegeben werden, dass auf diese Weise das Ziel der Arbeitsblätter – Hilfe bei Wiederholungen, Ergänzungen und Vertiefungen historischen Wissens im Rahmen von Vertretungsstunden zu sein – besser erfüllt werden kann. Nicht zuletzt ist die frühe Neuzeit auch ein weites Feld, das das Interesse der Schülerinnen und Schüler weckt. In diesem Sinne nehmen schließlich neben der politischen und Wirtschaftsgeschichte Aspekte und Beispiele aus der Kulturgeschichte einen angemessenen Raum ein.

A 1 Gesucht wird...

▶ *Lies dir den folgenden Text genau durch und überlege, welche Wörter du in die Lücken im Text einsetzen musst. Wenn du alle fehlenden Angaben richtig eingetragen hast, wird es dir nicht mehr schwer fallen herauszubekommen, wer gesucht wird.*

Der Gesuchte wurde 1483 in _____ geboren. 1505 trat er in das Kloster der

Augustinereremiten in _____ ein. Bereits sieben Jahre später wurde er Doktor

der _____ und Professor für Bibelauslegung in _____. Im

Herbst des Jahres 1517 verschickte er seine in _____ Sprache abgefassten

_____ gegen den _____. Auf dem Reichstag, der im folgenden Jahr in

_____ stattfand, verweigerte er den Widerruf seiner Lehre.

Auf dem Reichtstag zu _____ im Jahre _____ wurde der Gesuchte trotz rechts-

wirksamen Bannes vor Kaiser und Reich geladen. Obwohl das zugesagte kaiserliche Geleit eingehalten

wurde, ließ der _____ _____ _____ den Gesuchten auf die

_____ in Sicherheit bringen. Hier lebte er als _____ _____ und

übersetzte 1521/22 das _____ _____ ins _____.

Am 18. Februar 1546 starb der Mann in seinem Geburtsort.

Um dir die Suche ein wenig zu erleichtern, werden die fehlenden Wörter in dem nachstehenden Kasten in ungeordneter Reihenfolge genannt.

> Erfurt, Theologie, Augsburg, Worms, lateinisch, Eisleben, Thesen, Wittenberg, Ablasshandel,
>
> Junker Jörg, Wartburg, 1521, Kurfürst von Sachsen, Neue Testament, Deutsche

Wer ist der Gesuchte? Worin besteht sein großes kulturgeschichtliches Verdienst?

Lösung:

_____

_____

Aus den folgenden Silben kannst du 14 Namen und Begriffe bilden, die in der ersten Hälfte des 16. Jahrhunderts eine bedeutende Rolle spielten. Setze die gefundenen Namen in die unten stehenden Zeilen ein. Zur Erleichterung deiner Arbeit ist in jeder Antwortzeile der Anfangsbuchstabe jedes gesuchten Namens oder Begriffs in zufälliger Reihenfolge eingetragen.

> ar, augs, bau, berg, bur, cal, den, den,
>
> ern, for, for, frie, fritz, frunds, ge, gen, ger, gi,
>
> hus, i, jan, je, joss, kel, krieg, lanch,
>
> li, li, lu, ma, ma, me, on, on, ons, or,
>
> re, re, re, sen, su, ten, the, ther, thon,
>
> ti, ti, ti, vin, zwing, zwölf

1. L_____

2. M_____

3. R_____

4. G_____

5. A_____ _____

6. B_____

7. Z_____ _____

8. C_____

9. Z_____

10. J_____ _____

11. F_____

12. J_____

13. T_____

14. J_____ _____

Beachte, dass einige Begriffe aus zwei Wörtern bestehen.

▶ *Setze das Bild aus den Schnipseln richtig zusammen. Überlege dir, was es darstellt. Denke daran, wogegen sich Luthers Thesen von 1517 richteten und wer ein berüchtigter „Händler" war. Ergänze den berühmten Spruch: „Sobald der Gulden im Becken klingt ..."*

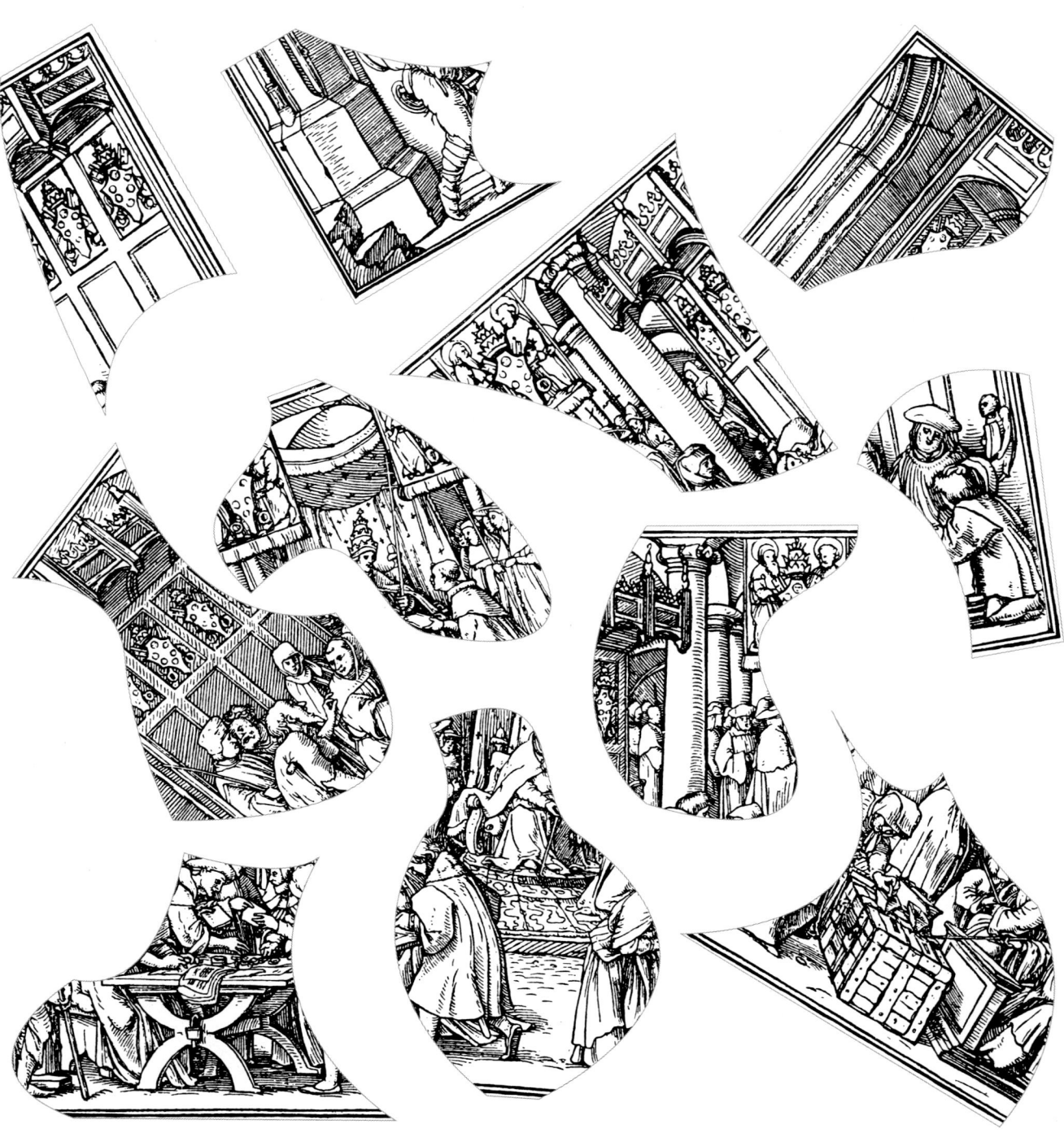

Lösungen:

1. Das Bild stellt den _____ dar.

2. Der bekannte „Händler" war _____ .

3. Der Spruch lautet: _____ .

In dem Wort- oder Buchstabengitter sind Vor- und Familiennamen von Persönlichkeiten versteckt, die im Deutschen Bauernkrieg 1524/1525 eine Rolle auf Seiten der Bauern oder des Adels gespielt haben. Suche sie und trage ihre vollständigen Namen in beliebiger Reihenfolge in die unten stehenden leeren Zeilen ein.

G	E	O	R	G	T	R	U	C	H	S	E	S	S
O	X	V	O	N	H	X	M	P	I	Z	Y	J	B
E	T	O	H	W	O	S	U	C	W	L	G	A	H
T	X	Y	R	I	M	F	E	D	A	I	Z	G	L
Z	V	N	B	U	A	P	N	K	L	T	B	V	C
X	S	R	A	F	S	J	T	M	D	V	H	L	R
V	O	N	C	Y	J	A	Z	G	B	I	R	G	H
O	Y	T	H	V	O	N	E	R	U	P	R	S	T
N	A	C	G	B	S	I	R	G	R	A	F	Y	P
F	R	U	N	D	S	B	E	R	G	O	F	A	L
R	I	S	T	E	N	W	I	L	D	B	E	R	G
I	J	A	E	C	K	L	E	I	N	K	R	U	G
T	B	E	R	L	I	C	H	I	N	G	E	N	Y
Z	M	A	N	S	F	E	L	D	E	L	D	A	M

1. _____ 5. _____

2. _____ 6. _____

3. _____ 7. _____

4. _____

▶ *Du musst aus den Lösungswörtern bestimmte Buchstaben auswählen und sie richtig zusammen setzen, dann findest du den Namen der Stadt, bei der im Jahre 1525 eine entscheidende Schlacht im Bauernkrieg stattgefunden hat. Es handelt sich um folgende Buchstaben (in ungeordneter Reihenfolge): H U S M E U H N E A L.*

Lösungswort: _____

▶ *Setze aus den Schnipseln ein Bild zusammen, so dass die zeitgenössische Darstellung der Plünderung eines Klosters durch Bauernhaufen erkennbar wird. Überlege dir, aus welchen Gründen die aufgebrachten Bauern Plünderungen vornahmen. Notiere deine Gedanken auf einem gesonderten Blatt.*

Silbenrätsel

▶ *Setze die nachstehenden Silben zu vier Wörtern zusammen. Sie sagen dir, wenn du sie in richtiger Reihenfolge aneinander reihst, was auf dem Bild dargestellt wird.*

> de, des, klos, nau, plün, rung, ße, ters, wei

Lösung: _____

Du siehst hier zwei Mal fast die gleiche Abbildung – ein Holzschnitt zu Beginn des 16. Jahrhunderts. Die erste Abbildung zeigt das Original, an der zweiten sind ein paar kleine Fälschungen vorgenomen wurden. Vergleiche beide Bilder miteinander und finde heraus, um welche Veränderungen es sich dabei handelt.

Holzschnitt von Lucas Cranach d.Ä.
AKG, Berlin

▶ *Welche Veränderungen hast du entdeckt? Trage sie in die folgenden Zeilen ein.*

_____

_____

_____

_____

_____

Der Deutsche Bauernkrieg 1524/1525 fand im Wesentlichen im Süden und Südwesten des damaligen Deutschen Reiches, in Thüringen, Sachsen, in Tirol und Salzburg sowie in der Schweiz statt. Die Bauern kämpften u.a. für die Abschaffung der Leibeigenschaft und des Zehnten, für Freiheit von Jagd, Fischfang und Waldnutzung sowie für die Rückgabe der Allmende seitens des Adels.

Aber schon vor 1524/1525 fanden Kämpfe aufständischer Bauern gegen die Adelsherrschaft statt. Du kannst diese Vorläufer des Bauernkrieges auf einer Tafel veranschaulichen. Dazu brauchst du diese Angaben:

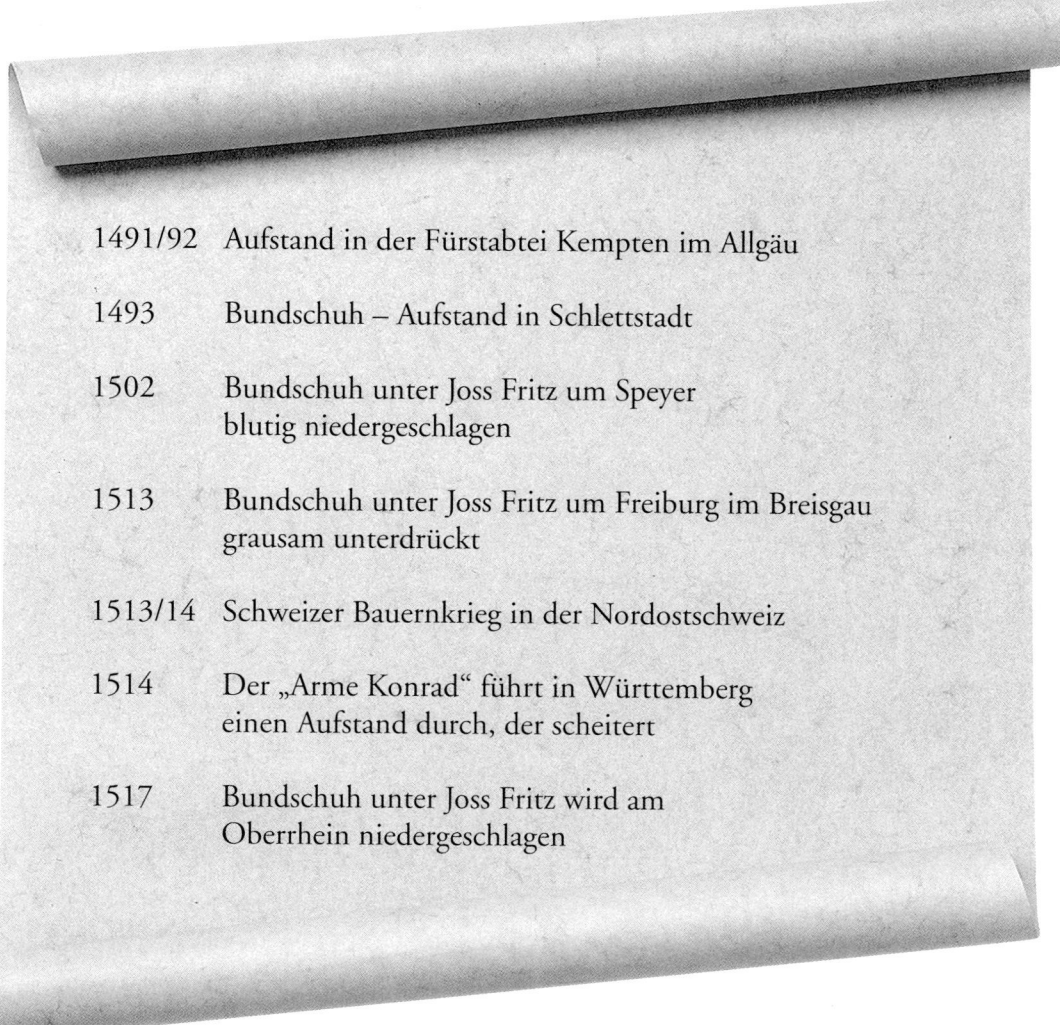

1491/92	Aufstand in der Fürstabtei Kempten im Allgäu
1493	Bundschuh – Aufstand in Schlettstadt
1502	Bundschuh unter Joss Fritz um Speyer blutig niedergeschlagen
1513	Bundschuh unter Joss Fritz um Freiburg im Breisgau grausam unterdrückt
1513/14	Schweizer Bauernkrieg in der Nordostschweiz
1514	Der „Arme Konrad" führt in Württemberg einen Aufstand durch, der scheitert
1517	Bundschuh unter Joss Fritz wird am Oberrhein niedergeschlagen

Am einfachsten ist es, wenn du auf einem Zeichenkarton eine Kartenskizze erarbeitest, auf der die genannten Aktionen der Bauern eingezeichnet werden – die Territorien und die Städte mit einem kurzen erklärenden Text (siehe oben).

Wenn es dir Spaß macht, kannst du an Stelle der Kartenskizze auch eine Gipsreliefkarte anfertigen: Auf feste Pappe oder Sperrholz als Grundplatte gibst du den Gips auf und trägst die Orte und Gebiete mit roter Farbe ein. Du kannst ferner die flachen Gebiete mit grüner und die Höhenzüge mit brauner Farbe kennzeichnen.

Auf kleine Täfelchen kannst du die Angaben zu jeder einzelnen Bauernbewegung eintragen und sie – zum Beispiel mit Hilfe von Streichhölzern als „kleinen Pfählen" – in den noch dünnen Gips eindrücken.

Ein Schwerpunkt des deutschen Bauernkriegs 1524/1525 lag in Südwestdeutschland. Die Kampfgebiete zogen sich jedoch bis nach Thüringen hin.

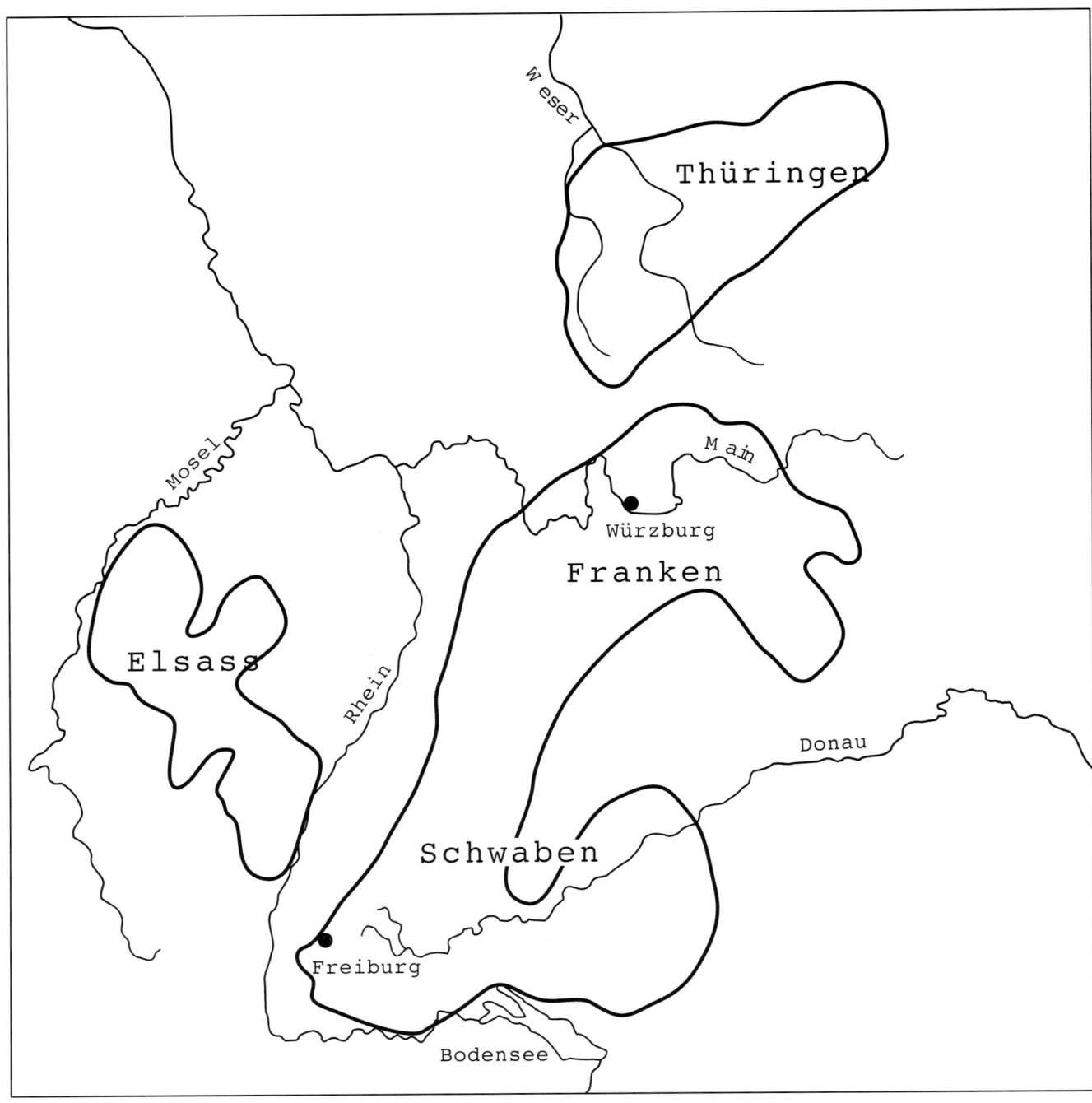

Die Kerngebiete der Bauernaufstände

Die Kartenskizze zeigt die Umrisse der Aufstandsgebiete. Besonders schwere Kämpfe gab es 1525 bei Königshofen (Franken), Böblingen (Schwaben), Leipheim (Schwaben), Pfeddersheim (Kurpfalz, westlich von Worms), Zabern (Elsass), Frankenhausen, Mühlhausen (Thüringen).

▶ *Deine Aufgabe ist es, die Lage dieser Orte mit Hilfe einer Landkarte in die Skizze einzutragen und dir ihre Namen einzuprägen.*

Hier sind Städte genannt, in denen in früheren Jahrhunderten Reichstage und Konzile stattfanden, sowie süddeutsche Residenzstädte:

1. Worms

    a) Konzilstadt . . . . A

    b) Residenzstadt . . . . D

    c) Reichstagsstadt . . . . R

2. Stuttgart

    a) Residenzstadt . . . . E

    b) Konzilstadt . . . . T

    c) Reichstagsstadt . . . . U

3. Rastatt

    a) Konzilstadt X

    b) Residenzstadt I

    c) Reichstagsstadt . . . . Y

4. Augsburg

    a) Residenzstadt . . . . M

    b) Konzilstadt . . . . F

    c) Reichstagsstadt C

5. Speyer

    a) Reichstagsstadt . . . . H

    b) Residenzstadt . . . . O

    c) Konzilstadt . . . . Z

6. Karlsruhe

    a) Residenzstadt . . . . S

    b) Konzilstadt V

    c) Reichstagsstadt . . . . T

7. Regensburg

    a) Konzilstadt . . . . Y

    b) Reichstagsstadt . . . . T

    c) Residenzstadt . . . . E

8. München

    a) Reichstagsstadt . . . . F

    b) Residenzstadt . . . . A

    c) Konzilstadt L

9. Konstanz

    a) Reichstagsstadt . . . . H

    b) Konzilstadt . . . . G

    c) Residenzstadt . . . . O

▶ *Du findest hinter jedem Städtenamen drei Auswahlmöglichkeiten, die mit einem Buchstaben versehen sind. Du musst die Buchstaben, die hinter der richtigen Antwort stehen, zusammensetzen. Wenn du die richtigen Antworten gefunden hast, ergeben die dazu gehörenden Buchstaben den Namen einer wichtigen politischen Einrichtung im Heiligen Römischen Reich Deutscher Nation.*

Lösungswort: _____

Anregung für Freiarbeit: Schüler aus dem Bereich der genannten Städte können das Stadt-Museum besuchen und sich über die Geschichte ihrer Stadt genauer informieren.

▶ *Lies dir die folgenden kurzen Texte genau durch und fülle die Leerstellen mit den richtigen Namen und Daten aus.*

I.

Er war eine wahre kulturelle Perle „am Rande der Neuzeit". Er lebte von 1494 bis 1576 und übte ein ehrbares Handwerk aus, ohne das kein Mensch trockenen Fußes leben konnte. Doch er war zu „Höherem" geboren. Er sang für sein Leben gern und wurde ein bekannter Meistersinger. Aber das war noch nicht alles. Er war Schuhmacher und _____ dazu.

Von ihm stammen zahlreiche Dichtungen, 1 700 Schwänke, 200 Bühnenspiele, 87 Fastnachtsspiele, 275 Meistergesänge. Ein großer Dichter, Johann Wolfgang _____ und ein bedeutender Komponist, Richard _____ , haben ihn in späterer Zeit hoch gewürdigt.

1. Wer war dieser produktive Mann? _____

2. Wer war der berühmte Dichter? _____

3. Wer war der bedeutende Komponist? _____

II.

Ein erfindungsreicher, geschickter Mann aus Nürnberg überraschte im Jahre 1511 seine Zeitgenossen mit einem kleinen mechanischen Gerät, das bald das _____ Ei genannt wurde.

1. Worum handelte es sich? _____
2. Wer war der Erfinder? _____

III.

Im Herbst 1517 versandte Martin Luther 95 Thesen, die er in lateinischer Sprache abgefasst hatte. Dieses Ereignis galt fortan als Beginn der _____

IV.

Im Jahre _____ fand in Prag ein Ereignis statt, das zu einer verhängnisvollen Entwicklung führen sollte. Dieses Ereignis war der Prager Fenstersturz auf dem Hradschin. Es war der Beginn des _____ _____. Dieses schreckliche Ereignis wurde mit dem Frieden von _____ und _____ im Jahre 1648 beendet.

▶ *Zu jeder Frage in der linken Spalte sind in der rechten Spalte drei mögliche Antworten genannt, die alle mit einem Buchstaben versehen sind. Du musst die Buchstaben, die hinter den richtigen Antworten stehen, zusammen setzen. Wenn du die richtigen Antworten gefunden hast, ergeben die dazu gehörenden Buchstaben den Namen eines badischen Herrschergeschlechts.*

1. Wann wurde Württemberg Herzogtum?

a) 1713 . . . .**C**

b) 1495 . . . .**Z**

c) 1674 . . . .**B**

2. Wann wurde Baden Markgrafschaft?

a) 17. Jahrh. . . . .**O**

b) 10. Jahrh. . . . .**K**

c) 12. Jahrh. . . . .**Ä**

3. Wann wurde Bayern Herzogtum (unter den Wittelsbachern)?

a) 1415 . . . .**M**

b) 1180 . . . .**H**

c) 1349 . . . .**P**

4. Wann erwarb ein bayerischer Herrscher die Kurwürde (Kurfürst)?

a) 1623 . . . .**U**

b) 1356 . . . .**R**

c) 1448 . . . .**S**

5. Wann wurde Württemberg Kurfürstentum?

a) 1803 . . . .**I**

b) 1648 . . . .**T**

c) 1729 . . . .**X**

6. Wann wurde Baden Kurfürstentum?

a) 1685 . . . .**D**

b) 1726 . . . .**F**

c) 1803 . . . .**N**

7. Wann wurde Bayern Königreich?

a) 1648 . . . .**A**

b) 1806 . . . .**G**

c) 1780 . . . .**F**

8. Wann wurde Württemberg Königreich?

a) 1805 . . . .**E**

b)1778 . . . .**L**

c) 1686 . . . .**P**

9. Wann wurde Baden Großherzogtum?

a) 1848 . . . .**Q**

b) 1712 . . . .**Y**

c) 1806 . . . .**R**

Wie hieß das badische Herrschergeschlecht?

Lösungswort: _____

▶ *Die in der folgenden Liste genannten Städte und Bauwerke sind durcheinander geraten. Deine Aufgabe ist es, die einzelnen Bauwerke der Stadt zuzuordnen, in der sie stehen.*

München	Dom
Potsdam	Paulskirche
Dresden	Münster
Berlin	Sanssouci
Aachen	Brandenburger Tor
Köln	Zwinger
Bremen	Frauenkirche
Frankfurt	Wartburg
Eisenach	Roland
Ulm	Kaiserpfalz

▶ *Trage in die folgenden Leerzeilen die jeweilige Stadt und das dazu gehörige Bauwerk ein. Ordne die Städte alphabetisch.*

1. _____

2. _____

3. _____

4. _____

5. _____

6. _____

7. _____

8. _____

9. _____

10. _____

Baukunst ist ein wichtiger Teil der Kulturgeschichte. In der deutschen Geschichte waren seit dem frühen Mittelalter bis gegen Ende der frühen Neuzeit (etwa um 1800) die Baustile der Romanik, Gotik, Renaissance, des Barock, des Rokoko und der Klassik charakteristisch.

▶ 1. Nenne typische Bauwerke für die aufgezählten Stilrichtungen, zum Beispiel

Romanik   *Klosterkirche Gernrode*

Gotik   _____

Renaissance   _____

Barock   _____

Rokoko   _____

Klassik   _____

▶ 2. Ordne die Vor- und Zunamen bedeutender Baumeister und Bildhauer einander richtig zu. Sie sind in der folgenden Aufstellung „durchgeschüttelt" worden.

Balthasar Schinkel

Friedrich Pöppelmann

Daniel Schlüter

Andreas von Knobelsdorff

Georg Wenzeslaus Neumann

Peter Vischer der Ältere

Lösung:

1. _____

2. _____

3. _____

4. _____

5. _____

6. _____

▶ *Aus den Einzelteilen des Fotos musst du ein Bild zusammensetzen, das ein berühmtes Bauwerk aus der Zeit des Barock darstellt.*

▶ *Was haben August der Starke von Sachsen und Daniel Pöppelmann mit dem Bauwerk zu tun?*

Antwort: _____

_____

▶ *In den folgenden Reihen mit jeweils vier Namen und Begriffen sind Fehler enthalten. Ein Begriff gehört nicht in die jeweilige Reihe. Finde diesen „falschen" Begriff. Trage ihn in die unten stehenden leeren Zeilen ein und gib eine kurze Begründung, warum er nicht in diese Reihe gehört, zum Beispiel:*

Tetzel   *kein Reformator*   usw.

1. Tilly	Prinz Eugen	Wallenstein	Gustav Adolf
2. Luther	Zwingli	Tetzel	Calvin
3. Dürer	Rembrandt	Grünewald	Cranach
4. Kopernikus	Galilei	Holbein	Kepler
5. Großer Kurfürst	Friedrich I.	Maria Theresia	Friedrich der Große
6. Fugger	Welser	Hans Sachs	Karl V.
7. Neumann	Behaim	Knobelsdorff	Schinkel
8. Kolumbus	Cook	da Gama	Magellan

Schreibe die Namen, die nicht exakt in die jeweilige Reihe passen, in die folgenden leeren Zeilen ein:

1. _____

2. _____

3. _____

4. _____

5. _____

6. _____

7. _____

8. _____

▶ *Vergiss nicht, hinter den jeweiligen Namen eine kurze Begründung zu schreiben.*

▶ *In diesem Wortgitter sind die Namen von bedeutenden Künstlern und Wissenschaftlern der frühen Neuzeit versteckt. Sie sind mit ihren Vor- und Familiennamen aufgeführt. Suche sie und trage ihre Namen in alphabetischer Reihenfolge in die Leerzeilen ein.*

A	B	C	D	X	B	A	L	T	H	A	S	A	R	V	X	Y	W	K
F	R	I	E	D	R	I	C	H	X	D	A	N	I	E	L	W	S	P
B	E	H	A	I	M	M	E	L	A	N	C	H	T	H	O	N	M	O
P	Y	U	D	E	A	F	V	J	O	E	R	G	H	L	I	B	A	E
A	Z	T	A	D	R	I	E	S	C	X	T	U	L	U	K	N	T	P
R	P	O	M	U	T	F	I	J	A	L	B	R	E	C	H	T	T	P
A	F	T	Y	V	I	R	T	I	L	M	A	N	X	A	J	P	H	E
C	R	C	R	A	N	A	C	H	T	H	A	N	S	S	O	Y	I	L
E	A	B	X	Z	W	T	S	U	D	O	N	E	S	X	H	B	A	M
L	T	Z	W	Y	G	G	D	T	U	L	D	U	C	P	A	O	S	A
S	T	O	S	S	F	E	S	T	E	B	R	M	H	E	N	I	L	N
U	L	R	I	C	H	B	O	E	R	E	E	A	I	T	N	U	Y	N
S	P	H	I	L	I	P	P	N	E	I	A	N	N	E	E	U	B	V
V	I	S	C	H	E	R	S	M	R	N	S	N	K	R	S	Y	T	W
R	I	E	M	E	N	S	C	H	N	E	I	D	E	R	T	B	X	U
S	C	H	L	U	E	T	E	R	V	O	N	Y	L	Z	X	S	T	V
W	E	N	Z	E	L	X	R	E	U	C	H	L	I	N	W	T	X	B
K	G	R	U	E	N	E	W	A	L	D	Z	I	T	C	Y	L	I	K
K	N	O	B	E	L	S	D	O	R	F	Q	B	I	S	T	D	K	B

Die Namen der berühmten Leute sind:

1. _____

2. _____

3. _____

4. _____

5. _____

6. _____

7. _____

8. _____

9. _____

10. _____

11. _____

12. _____

13. _____

14. _____

15. _____

16. _____

17. _____

18. _____

19. _____

▶ *Notiere, wodurch die Künstler und Wissenschaftler berühmt geworden sind, zum Beispiel*

Adam Ries – Rechenmeister

▶ *Bedeutende Dichter, Musiker, Architekten und Wissenschaftler des 17. und 18. Jahrhunderts sind in den Silben dieses Rätsels versteckt. Trage ihre Namen in die leeren Zeilen ein. Die Silben enthalten nur die Familiennamen.*

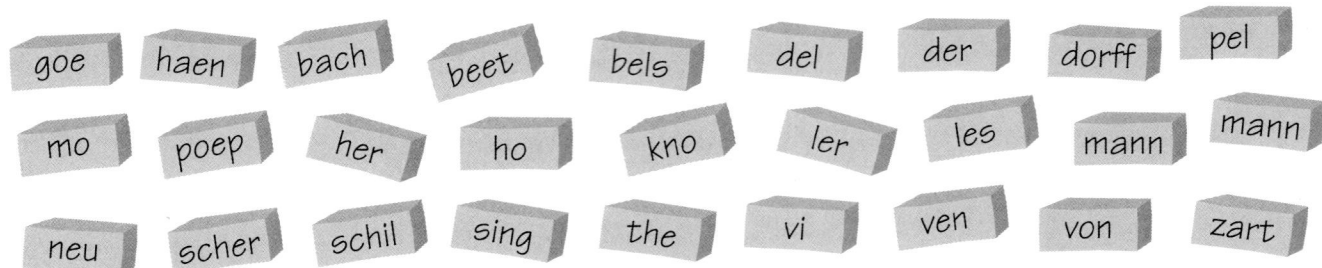

▶ *Versuche die Vor- und Familiennamen der Personen in die Antwortzeilen einzutragen.*

Lösung:

1. _____

2. _____

3. _____

4. _____

5. _____

6. _____

7. _____

8. _____

9. _____

10. _____

11. _____

12. _____

Wer war Dichter? _____

Wer war Musiker? _____

Wer war Baumeister? _____

Wer war Wissenschaftler? _____

Es ist erstaunlich, wie viele Universitäten es in Deutschland schon vor ungefähr 500 bis 600 Jahren gab. Das zeugt von einem hohen Stand der geistigen Entwicklung und ist eine wichtige Seite der Kulturgeschichte.

▶ *Wenn du wissen willst, wo es überall in unserem Land Universitäten gab, musst du das Silbenrätsel lösen. Dann hast du die Namen von 43 deutschen Universitätsstädten. Dabei musst du beachten, dass einige dieser deutschsprachigen Bildungsstätten aus heutiger Sicht im Ausland liegen, wie beispielsweise die Universitäten Prag (die früheste deutsche Universitäts-Gründung 1348 durch Kaiser Karl IV.!), Basel oder Straßburg.*

Die Silben:

alt   ba   bam   berg   berg   berg   berg

bin   bonn   born   born   bres   brueck   buet   burg   burg

burg   burg   burg   da   del   der   der   dil   dorf

duis   er   er   frank   frei   ful   furt   furt   gart

gen   gen   gen   gen   gen   gie   gol   göt   greifs

ha   hal   heim   her   in   je   kas   kiel

koe   koeln   hei   helm   lan   lau   le   leip   lin

mainz   mar   mols   muens   na   na   nigs   o   os

pa   prag   rin   ros   sel   sel   stadt   stadt

stedt   straß   stutt   ßen   teln   ten   ter   tin

tock   trier   tue   wald   wit   wuerz   zig   zow

▶ *Notiere die von dir „entdeckten" Städtenamen und ordne sie alphabetisch. Ein kleiner Hinweis: Suche zuerst die einsilbigen Städtenamen heraus und versuche dann, die dir am bekanntesten vorkommenden mehrsilbigen festzustellen.*

1. _____
2. _____
3. _____
4. _____
5. _____
6. _____
7. _____
8. _____
9. _____
10. _____
11. _____
12. _____
13. _____
14. _____
15. _____
16. _____
17. _____
18. _____
19. _____
20. _____
21. _____
22. _____

23. _____
24. _____
25. _____
26. _____
27. _____
28. _____
29. _____
30. _____
31. _____
32. _____
33. _____
34. _____
35. _____
36. _____
37. _____
38. _____
39. _____
40. _____
41. _____
42. _____
43. _____

Die nachstehende Liste berühmter Männer der frühen Neuzeit nennt in der zweiten Spalte Berufe oder künstlerische Tätigkeitsfelder dieser Männer, die falsch sind. Deine Aufgabe ist es, den Namen der genannten Persönlichkeiten ihre richtige Tätigkeit, durch die sie berühmt wurden, zuzuordnen. Was waren sie in Wirklichkeit? Nutze dafür die rechte Spalte. Nimm dein Geschichtsbuch oder ein Lexikon zu Hilfe, wenn du nicht weiter weißt.

1. Behaim   Maler   _____

2. Cranach   Dichter   _____

3. Dürer   Baumeister   _____

4. Holbein   Humanist   _____

5. Hutten   Geograf   _____

6. Melanchthon   Bildgießer   _____

7. Neumann   Bildhauer   _____

8. Riemenschneider Dichter   _____

9. Ries   Kupferstecher   _____

10. Sachs   Baumeister   _____

11. Stoss   Poet   _____

12. Vischer   Geograf   _____

Eine Zusatzaufgabe ist es, dass du den Familiennamen noch die dazu gehörenden Vornamen zuordnest. Nutze die folgende Auswahl:

Hans, Albrecht, Peter, Lucas, Tilman, Martin, Philipp, Ulrich, Adam, Balthasar, Hans, Veit

Schreibe hier die vollständigen Namen auf:

1. _____

2. _____

3. _____

4. _____

5. _____

6. _____

7. _____

8. _____

9. _____

10. _____

11. _____

12. _____

▶ *Setze die Schnipsel dieses Fotos zum Bild eines Hauses zusammen. Wenn du das kleine Silben-*
rätsel löst, weißt du, um welches Haus aus welcher Stadt es sich handelt. Suche zuerst den
Namen der Stadt und dann den Baustil.

brei	ce	er	furt	haus	herd
in	nais	re	san	ten	zum

Lösung: _____

▶ *Als ein kleines Lehr- und Lernmittel zur Kulturgeschichte kannst du eine Schautafel über die wichtigsten Baustile herstellen, jeweils mit einem typischen Beispiel.*

Dazu brauchst du einen Zeichenkarton als Grundlage (Grundplatte). Du musst dir Fotos von je einem Bauwerk beschaffen, das du als typisches Beispiel für die betreffende Stilrichtung verwenden willst. Es handelt sich um die Romanik, Gotik, Renaissance, um Barock, Rokoko und Klassizismus.

Am einfachsten ist es, du teilst den Zeichenkarton so ein, dass du drei Reihen erhältst und in jeder Reihe zwei Fotos nebeneinander unterbringen kannst, etwa so:

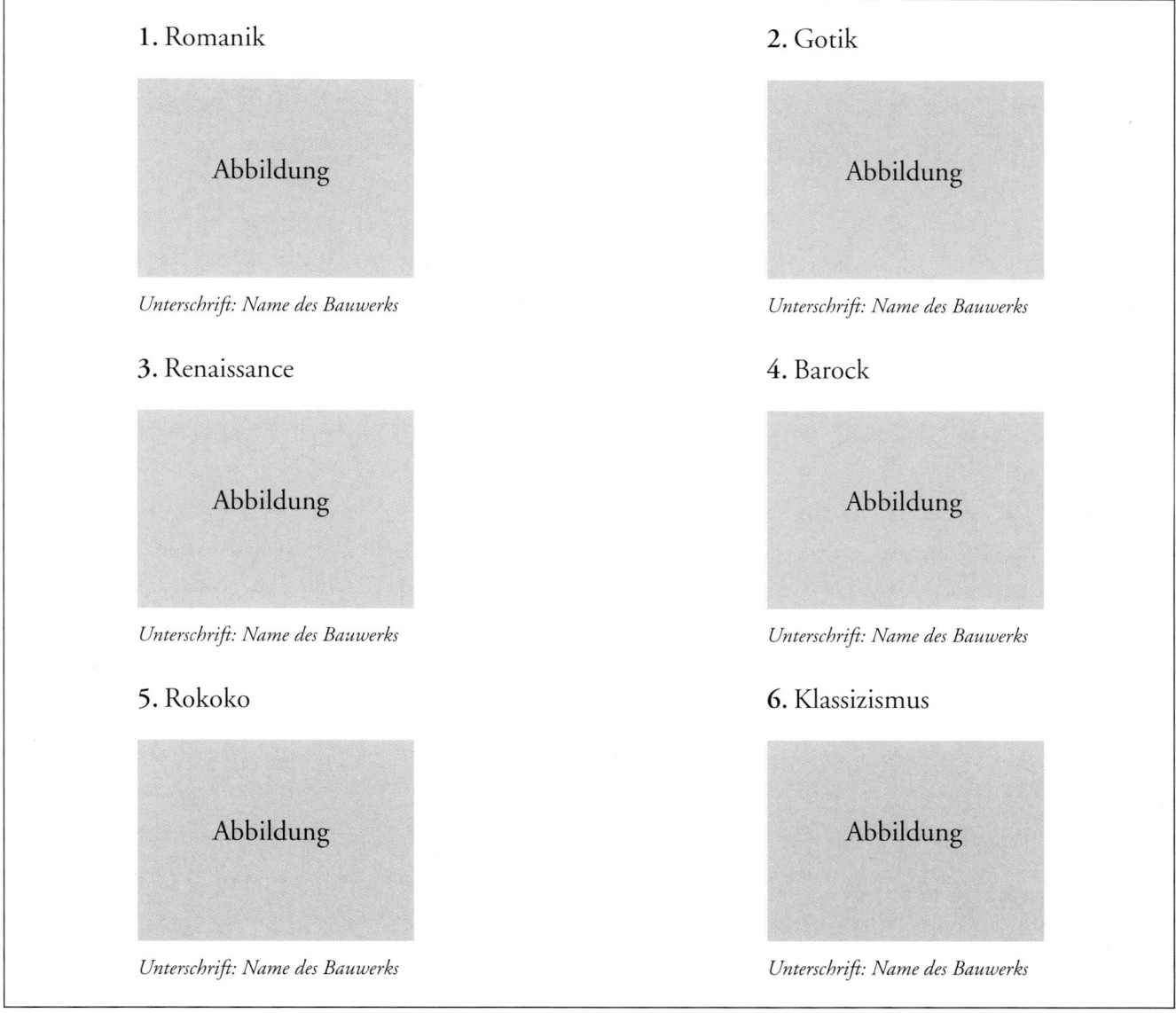

Wenn du Interesse daran hast, kannst du in einem Lexikon nachschlagen und in einem ganz kurzen Text das Typische jeder Stilrichtung formulieren, zum Beispiel:

Romanik – Rundbögen,

Gotik – Spitzbögen usw.

Um charakteristische Bauwerke zu finden, kannst du ebenfalls ein Lexikon nutzen (Stichworte Romanik usw.).

A 22 Wer oder was war zur Zeit des Dreißigjährigen Krieges?

1. Tilly

    a) ein habsburgischer Herzog?
    b) ein kaiserlicher Feldherr?
    c) Hofmarschall des Kaisers?

2. Gustav Adolf

    a) Hofastrologe des Kaisers?
    b) Abgesandter des Papstes?
    c) König von Schweden? (Gefallen 1632)

3. Kopernikus

    a) ein berühmter Astronom?
    b) ein Bibelausleger?
    c) ein bekannter Arzt?

4. Wallenstein

    a) ein kaiserlicher Diplomat?
    b) ein berühmter Feldherr, kaiserlicher
       Generalissimus?
    c) ein Handelsmann und Geldverleiher?

5. Prager Fenstersturz

    a) der Auftakt zum Dreißigjährigen Krieg?
    b) eine Prager Jahrmarktsattraktion?
    c) eine neue Art der Bestrafung?

6. Guericke

    a) ein Baumeister?
    b) der Bürgermeister von Magdeburg?
    c) ein geografischer Entdecker?

7. Kepler

    a) ein berühmter Astronom?
    b) ein Historiker des Dreißigjährigen
       Krieges?
    c) ein Finanzier der Krieg führenden Par-
       teien?

8. Münster und Osnabrück

    a) Orte eines kirchlichen Konzils?
    b) Sitzungsorte des Reichstags des Heili-
       gen Römischen Reiches Deutscher
       Nation?
    c) Orte, in denen das Ende des Dreißig-
       jährigen Krieges beschlossen wurde
       (Westfälischer Frieden)?

▶ *Schreibe die richtigen Antworten in die folgenden Zeilen:*

1. _____

2. _____

3. _____

4. _____

5. _____

6. _____

7. _____

8. _____

Die Schnipsel dieses Bildes ergeben, richtig zusammen geklebt, die Darstellung eines geschichtlichen Ereignisses, das zuerst so harmlos aussah, aber schließlich zum Ausgangspunkt eines langen, blutigen Krieges wurde.

▶ *1. Wie wird dieses Ereignis genannt?*
2. Wann fand es statt?
3. Was löste es aus?

Lösungen:

1. _____

2. _____

3. _____

▶ *Beantworte folgende Fragen, die mit der Abbildung im Zusammenhang stehen:*

a) Wer belagerte Magdeburg?

b) Wann geschah das?

c) Wie endete das Unternehmen?

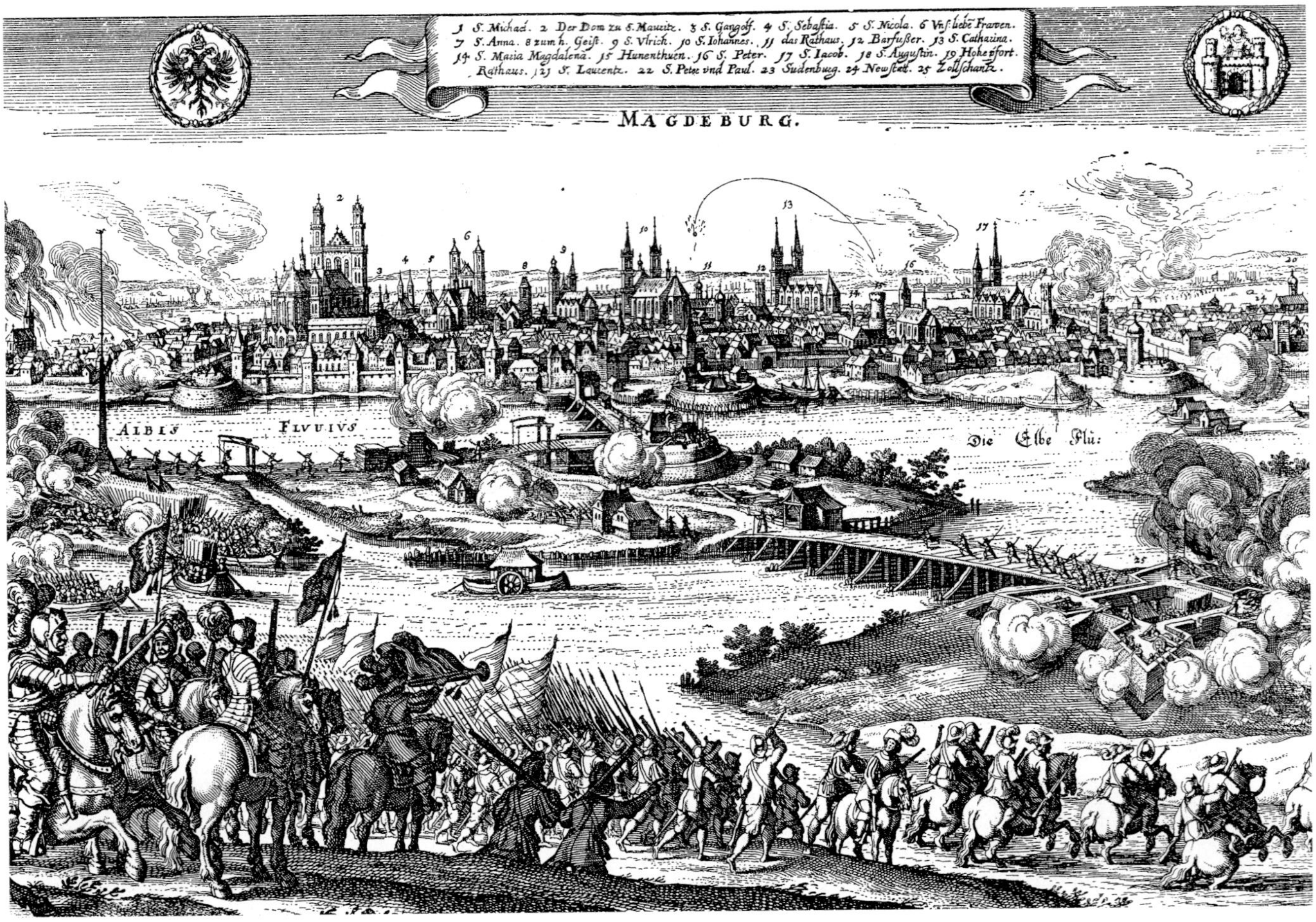

Die Belagerung Magdeburgs, 1631
AKG, Berlin

a) _____

b) _____

c) _____

▶ *Du musst die beiden Abbildungen zum gleichen Ereignis genau miteinander vergleichen, um zu erkennen, was auf der zweiten Darstellung gefälscht worden ist. Was fehlt auf der zweiten Abbildung?*

1 *S. Michael.* 2 *Der Dom zu S. Mauritz.* 3 *S. Gangolf.* 4 *S. Sebastia.* 5 *S. Nicola.* 6 *Vnf. liebe Frawen.*
7 *S. Anna.* 8 *zum h. Geist.* 9 *S. Virich.* 10 *S. Iohannes.* 11 *das Rathaus.* 12 *Barfußer.* 13 *S. Cathazina.*
14 *S. Maria Magdalena.* 15 *Hunenthurn.* 16 *S. Peter.* 17 *S. Iacob.* 18 *S. Augustin.* 19 *Hohepfort.*
Rathaus. 21 *S. Laurentz.* 22 *S. Peter vnd Paul.* 23 *Sudenburg.* 24 *Newstat.* 25 *Zollschantz.*

MAGDEBURG.

a) _____   d) _____

b) _____   e) _____

c) _____

Kürzlich hatte ein Zeitreisereporter (ZRR) die einmalige Gelegenheit, einen berühmten Mann aus einem längst vergangenen Jahrhundert zu interviewen. Wir wollen ihn Herrn X nennen.

ZRR: Es ist mir eine ganz besondere Ehre, mit Ihnen sprechen zu können.

X: Und was wollen Sie?

ZRR: Sie waren zu Ihrer Zeit ein berühmter Mann.

X: Und berüchtigt. Hätte ich sonst eines gewaltsamen Todes sterben müssen?

ZRR: Sie haben aber auch ein bewegtes Leben geführt.

X: Das muss sein, sonst wird man eben nicht berühmt.

ZRR: Sie hatten schließlich auch besonders günstige Voraussetzungen.

X: Spielen Sie auf meinen Besitz an? Gewiss, da gab es schon Einiges.

ZRR: Ja, Ihre zahlreichen Ländereien in _____ .

X: Schließlich stammte ich aus _____ Adel und hatte 58 Herrschaften. Aber der Krieg war

mein Element.

ZRR: Sie hatten reichlich Gelegenheit, Ihr militärisches Talent zu beweisen.

X: Allerdings. Man muss nur einen habsburgischen _____ mit eigenen Truppen unterstützen, um in den _____ -Stand erhoben zu werden. Da war die Schlacht bei _____ 1626. Im folgenden Jahr lernte der Dänenkönig _____ das Laufen, als ich mit Tilly und Georg von Lüneburg Mecklenburg, _____ _____ eroberte.

ZRR: Und der Kaiser war nicht kleinlich.

X: Er verlieh mir das Herzogtum _____ und das Fürstentum_____ nachdem ich im Jahre vorher Herzog von _____ geworden war.

ZRR: Eine tolle Karriere...

X: Nicht zu vergessen der militärische Oberbefehl als _____ .

ZRR: Je höher der Aufstieg, um so tiefer der Fall.

X: Meine gekrönten Zeitgenossen waren zu dumm, um zu verstehen, was ich wollte. Der Kaiser hat einen Banditen von Offizier beauftragt, mich zu ermorden. Das geschah am _____ in _____ .

▶ Setze in die Lücken im Text die richtigen Wörter und Daten ein. Du musst folgende Begriffe und Daten einfügen. Sie sind hier ungeordnet genannt:

> Generalissimus, Eger, Böhmen, Grafenstand, Erzherzog, Dresden, Jütland, Schleswig, Christian IV.,
> böhmisch, Holstein, 25. Februar 1634, Herzog von Friedland, Fürstentum Sagan, Herzogtum Mecklenburg

Wer ist der Gesuchte? _____

▶ *Schneide die einzelnen Schnipsel dieses Bildes aus und klebe sie so auf, dass ein „richtiges" Bild entsteht.*

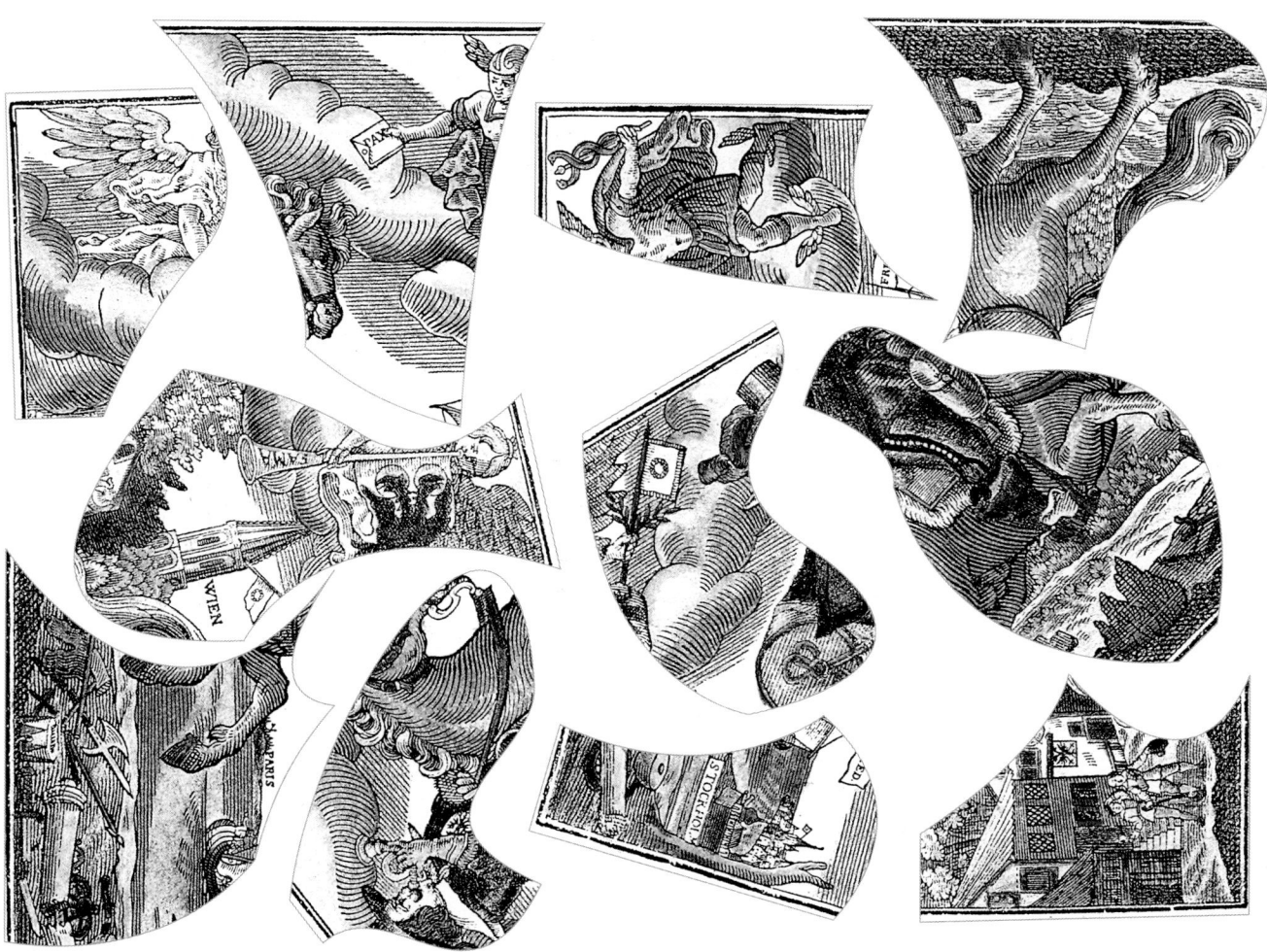

▶ *Es handelt sich um eine zeitgenössische Darstellung. Versuche herauszufinden, worin sich der allegorische (symbolische) Charakter des Bildes äußert. Was ist nicht realistisch? Notiere!*

Lösung:

_____

_____

_____

_____

_____

_____

_____

▶ In diesem Silbensalat stecken die Namen von neun wichtigen Erfindungen, die in der frühen Neuzeit gemacht worden sind. Finde sie heraus und schreibe sie in die unten stehende Liste. Ordne sie so weit wie möglich chronologisch.

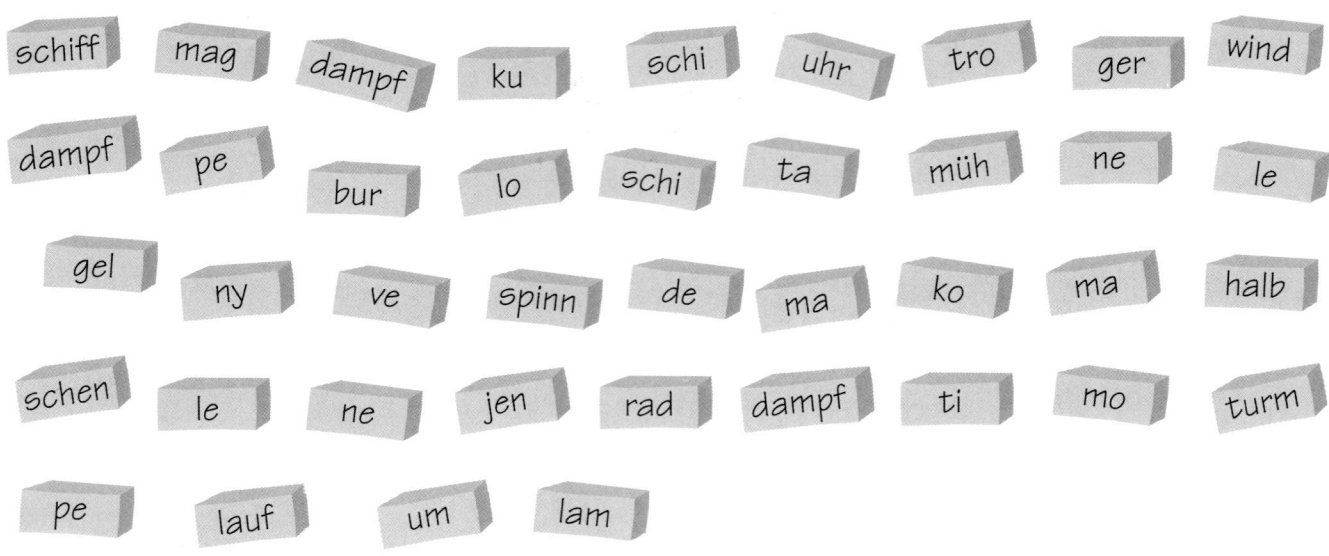

▶ Wenn du meinst, dass du Erfindungen in der zeitlichen Reihenfolge ihres Entstehens richtig notiert hast, versuche die Jahreszahlen genau (oder ungefähr) dahinter einzutragen, in denen die Erfindungen gemacht worden sind.

Erfindung   Jahr

1. _____

2. _____

3. _____

4. _____

5. _____

6. _____

7. _____

8. _____

9. _____

Du kannst mit einfachen Mitteln in Freiarbeit eine Schautafel herstellen, auf der man die hauptsächlichen Handelsplätze des Augsburger Unternehmerclans Fugger in der ersten Hälfte des 16. Jahrhunderts und die wichtigsten Handelswege auf einen Blick erfassen kann.

▶ *Zeichne eine Kartenskizze – wie auf der nächsten Seite – von Mittel- und Westeuropa auf Zeichenkarton und trage folgende Städte ein (nimm auch einen Atlas zu Hilfe):*

Augsburg, Nürnberg, Köln, Frankfurt, Leipzig, Antwerpen, Breslau, Krakau, Danzig, Wien, Salzburg, Innsbruck, Villach, Mailand, Venedig, Rom, Buda, Madrid, Sevilla, Lissabon

Trage sie als kleine rote Kreise ein und schreibe ihre Namen daneben. Dann kannst du die genannten Städte mit Hilfe locker gezeichneter schwarzer Linien (nicht mit dem Lineal!) miteinander verbinden.

Wenn du Lust hast, kannst du die Skizze durch Zahlen ergänzen, die die gewaltige Wirtschaftskraft des Fugger-Unternehmens verdeutlichen. Dazu sollen dir die folgenden Daten dienen:

Der Herr des Unternehmens, Jakob Fugger, war am 30. Januar 1526 verstorben. Als sein Neffe Anton Fugger im Jahre 1527 Inventur machte, ergab sich folgendes Bild:

Aktiva: drei Millionen Gulden *

Passiva: 870 000 Gulden **

Bargeld in den Kassen: 50 000 Gulden

aus noch offenen Geschäften ergaben sich Verpflichtungen

von 70 000 Gulden, aus Wechseln 290 000 Gulden

Investiert in Berg- und Hüttenwerken: 270 000 Gulden,

in lagernden Waren: 380 000 Gulden

Kaiser Karl V. und Erzherzog Ferdinand schuldeten dem

Hause Fugger die gewaltige Summe von 1 650 000 Gulden.

Aus: Deutsche Geschichte, Band 3. Deutscher Verlag der Wissenschaften, Berlin 1989, S. 215

* *Aktiva – Vermögen, Gesamtheit von Gütern, die in Geld bewertet werden können*
** *Passiva – Kapital, Geld für Investitionen*

Gewissermaßen als „Vorübung" kannst du in die folgende Umrissskizze von Mittel- und Westeuropa die genannten Städte eintragen, ohne die heutigen Ländergrenzen zu beachten. Als Orientierungshilfe sind schon einige Städte in die Skizze eingetragen.

▶ 1. Zeichne alle genannten Städte in die Skizze ein.

▶ 2. Ordne die Städte den heutigen Ländern zu, in denen sie liegen. Fertige eine Liste an.

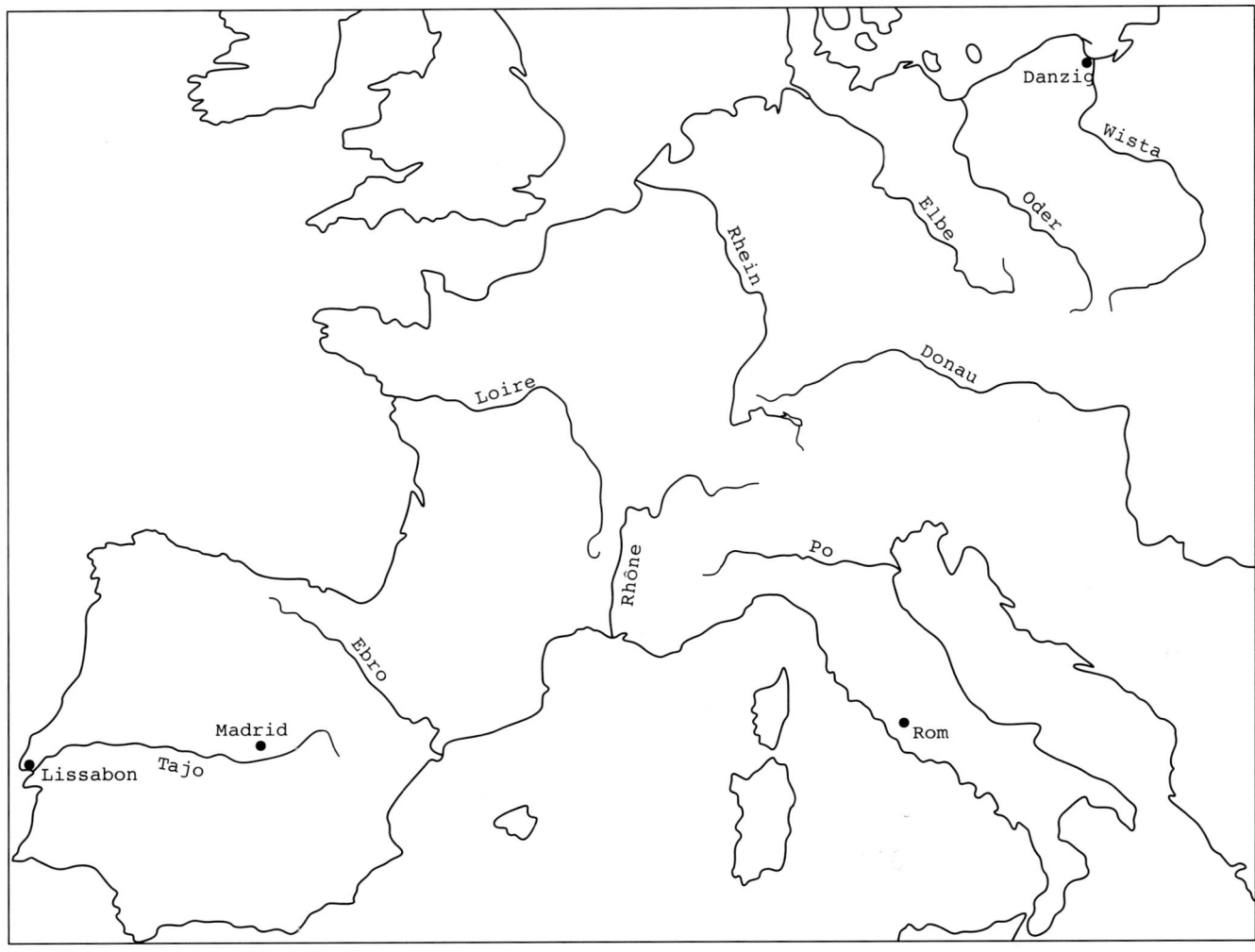

Kartenskizze Mittel- und Westeuropa

Du kannst auch ergänzend zu der Kartenskizze über die Handelszentren der Fugger ein einfaches Gipsrelief anfertigen, das einen groben Umriss Europas darstellt. Um die ganze internationale Verzweigung dieses Wirtschaftsunternehmens zu veranschaulichen, kannst du in das jeweilige Land ein Fähnchen in den Gips drücken, auf dem der Ländername und die Sitze der Fuggerschen Faktoreien und Vertretungen (Städtenamen) verzeichnet sind.

Dazu brauchst du diese Angaben über Faktoreien und Vertretungen außerhalb Deutschlands:

Dänemark	Helsingoer
Frankreich	Lyon
Kirchenstaat	Rom
Neapel	Neapel
Ordensgebiet	Narwa, Reval, Riga
Polen	Lwow
Portugal	Lissabon
Heiliges Römisches Reich Deutscher Nation	Florenz, Genua, Lucca
Russland	Kiew, Nowgorod
Spanien	Auswahl: Barcelona, Bilbao, Burgos, Madrid, Sevilla, Santander, Valladolid
Ungarn	Hermannstadt, Klausenburg, Senj

Als Grundplatte brauchst du eine mittelgroße Sperrholzplatte oder dicke, feste Pappe, auf die du den Gips aufträgst. Das ganze Relief kannst du nach Belieben farbig gestalten.

▶ *Bilde aus den unten stehenden Silben Wörter (12 Begriffe), die für ein großes Wirtschafts- und Handelsunternehmen in der ersten Hälfte des 16. Jahrhunderts charakteristisch waren.*

> **am, augs, ber, bon, bres, bu, burg, da, dam, dig, fak, fer, haupt, haus, kon, kup, lau, ler, lis, ne, rei, ro, sa, sil, ster, ti, to, tor, tre, tung, ve, ver**

▶ *Trage hier die gefundenen Wörter in alphabetischer Reihenfolge ein:*

1. _____
2. _____
3. _____
4. _____
5. _____
6. _____
7. _____
8. _____
9. _____
10. _____
11. _____
12. _____

▶ *Wenn du die richtigen Lösungen eingetragen hast, musst du sechs Buchstaben heraussuchen, die den Namen dieses großen Wirtschaftsunternehmens zu Beginn der Neuzeit bilden:*

– aus der fünften Antwort den ersten Buchstaben,

– aus der vierten Antwort den zweiten Buchstaben,

– aus der zweiten Antwort den dritten Buchstaben

– aus der elften Antwort den siebenten Buchstaben,

– aus der zwölften Antwort den zweiten Buchstaben,

– aus der driten Antwort den zweiten Buchstben.

Lösungswort: _____

Schuhmacherwerkstatt, um 1560

Bildarchiv Preußischer Kulturbesitz, Berlin

► *Vergleiche die beiden Abbildungen miteinander und stelle fest, worin sie sich unterscheiden. Was fehlt bei der zweiten Abbildung?*

▶ *In diesem Buchstabengitter sind die Namen von 19 speziellen Berufen der Kupferverarbeitung zu Beginn des 16. Jahrhunderts versteckt. Versuche sie zu entdecken.*

D	R	A	H	T	Z	I	E	H	E	R	X	Z	Y	S	B	M	B	G
P	K	A	C	D	B	K	W	I	S	O	F	I	G	C	E	E	E	F
Y	U	Z	X	V	T	F	C	L	Q	T	I	M	S	H	C	S	C	D
O	P	B	D	A	C	G	T	I	N	G	L	B	J	E	K	S	K	K
S	F	O	R	M	E	R	V	J	C	I	S	E	T	L	E	I	E	O
X	E	H	G	T	U	V	B	I	N	E	X	L	I	L	N	N	N	M
U	R	L	K	J	H	G	F	I	Q	S	A	M	I	E	D	G	S	P
S	S	W	N	G	T	O	B	T	I	S	P	A	F	N	R	S	C	A
P	C	R	I	N	G	M	A	C	H	E	R	C	I	M	E	C	H	S
E	H	X	B	G	I	E	S	S	E	R	I	H	T	A	H	H	L	S
N	M	F	I	N	G	E	R	H	U	E	T	E	R	C	E	L	A	M
G	I	W	A	G	M	A	C	H	E	R	I	R	J	H	R	A	E	A
L	E	U	C	H	T	E	R	M	A	C	H	E	R	E	Y	G	G	C
E	D	Z	Y	X	I	W	M	T	U	G	T	B	E	R	I	E	E	H
R	K	Z	I	R	K	E	L	S	C	H	M	I	E	D	E	R	R	E
R	O	T	S	C	H	M	I	E	D	D	R	E	C	H	S	L	E	R

▶ *Trage die Namen der „Kupferberufe" in die folgende Liste ein. Die Reihenfolge spielt keine Rolle.*
Du musst aus folgenden Buchstaben ein geflügeltes Wort zusammensetzen, das damals allgemein
bekannt war (zwei Wörter): u, e, r, t e, r, n, b, g, n, d, r, e, a, n.

1. _____

2. _____

3. _____

4. _____

5. _____

6. _____

7. _____

8. _____

9. _____

10. _____

11. _____

12. _____

13. _____

14. _____

15. _____

16. _____

17. _____

18. _____

19. _____

Lösung für das geflügelte Wort: _____ _____

► Bereits im 16. Jahrhundert war Bergbau weit verbreitet und ohne technische Hilfsmittel ging es damals schon nicht. Schneide die Schnipsel aus und klebe sie sorgfältig zusammen, so dass du deutlich erkennen kannst, worum es sich handelt.

▶ *Betrachte beide Abbildungen genau und finde die Abweichungen des zweiten Bildes vom ersten heraus. Beschreibe kurz, was auf dem zweiten Bild fehlt.*

Kontor eines Hamburger Großkaufmanns, Kupferstich 1762
Zeitgenössische Darstellung, die Ausschnitte aus geschäftlichen Verhandlungen zeigt

AKG, Berlin

Seit dem Zeitalter der Entdeckungen haben europäische Mächte große Teile der „Neuen Welt" erobert und sich Kolonialreiche geschaffen: Portugal, Spanien, etwas später England, Niederlande, Frankreich.

▶ *Welches Land hat sich welche Kolonien angeeignet? (Nur die Hauptkolonien der beiden frühesten Kolonialmächte)*

Portugal: _____

_____

_____

Spanien: _____

_____

_____

▶ *Welches waren die wichtigsten Produkte, die die Kolonialmächte aus ihren Kolonien ausführten?*

Portugal: _____

_____

_____

Spanien: _____

_____

Die Namen der Kolonialgebiete und der Exportgüter findest du ungeordnet in diesem Kasten. Ordne sie den entsprechenden Ländern zu:

Angola, Indien, Südarabien, Brasilien, Guinea, Mocambique, Ceylon, Molukken,

Philippinen, Mexiko, Peru

Gewürze, Porzellan, Gold, Seide, Silber, Zucker, Farbstoffe

▶ *Es handelt sich um eine kleine Bildfälschung. Vergleiche beide Abbildungen sorgfältig und stelle die Unterschiede fest.*

Kolumbus landet in der Neuen Welt, Kupferstich 1596
AKG, Berlin

▶ *Nenne die Namen der drei Schiffe, mit denen Kolumbus 1492 auf Haiti landete:*

_____

_____

_____

▶ *Erfasse die Fälschungen auf der zweiten Abbildung in einer Liste:*

_____

_____

_____

_____

_____

_____

Zusatzaufgabe:

▶ *Versuche den Inhalt des Bildes zu interpretieren.*

▶ Gesucht sind bekannte Seefahrer und Entdecker mit Vor- und Familiennamen. Suche in waagerechter und senkrechter Richtung.

K	O	L	U	M	B	U	S	X	Y	P	D	V
F	R	U	V	Z	X	T	S	O	N	I	A	F
E	Y	M	A	G	E	L	L	A	N	Z	L	R
R	C	F	S	A	C	B	G	M	F	A	M	A
N	J	R	C	Z	X	T	B	E	D	R	E	N
A	V	A	O	U	Y	J	G	R	I	R	I	C
N	X	N	D	I	E	G	O	I	T	O	R	I
D	Y	C	A	Q	B	T	R	G	H	F	A	S
O	U	I	G	K	J	L	N	O	U	B	K	C
Y	S	S	A	Z	R	T	D	J	F	M	S	O
A	L	C	M	D	A	L	M	A	G	R	O	Q
B	X	O	A	V	E	S	P	U	C	C	I	W
G	T	C	H	R	I	S	T	O	P	H	U	J

▶ Trage die gefundenen Namen in die Leerzeilen ein, ordne sie alphabetisch nach den Familiennamen.

1. _____

2. _____

3. _____

4. _____

5. _____

6. _____

7. _____

▶ *Du musst aus den Namen der Seefahrer neun Buchstaben auswählen, um eine Sammelbezeichnung für diese Männer zu finden:*

– Aus dem ersten Familiennamen den siebenten Buchstaben,

– aus dem zweiten Familiennamen den vierten und sechsten Buchstaben,

– aus dem vierten Vornamen den ersten und sechsten Buchstaben,

– aus dem vierten Familiennamen den ersten Buchstaben,

– aus dem fünften Familiennamen den vierten und achten Buchstaben,

– aus dem siebenten Familiennamen den zweiten Buchstaben

Lösungswort: _____

▶ *Aus den folgenden Silben musst du die Namen jener Gebiete zusammen setzen, die die Seefahrer entdeckt haben:*

a, an, ba, chi, co, di, di, en, er, ha, ha, i, in, ja, ja, ka, ken, ku, le, le, len, luk, ma, ma, mai, mas, mo, nas, o, ost, pe, pu, ran, ri, ru, ti, til, to, va, ven, zo

▶ *Trage hier die Namen der Gebiete in alphabetischer Reihenfolge ein:*

1. _____
2. _____
3. _____
4. _____
5. _____
6. _____
7. _____
8. _____
9. _____
10. _____
11. _____
12. _____
13. _____
14. _____

Wenn du den Lösungswörtern 15 Buchstaben entnimmst und richtig zusammensetzt, erhältst du einen Sammelnamen für die europäischen Staaten, die in der „Neuen Welt" Kolonien erobert haben. Dafür brauchst du (ungeordnet) folgende Buchstaben:

– Erstes Wort: erster Buchstabe,

– zweites Wort: fünfter Buchstabe,

– drittes Wort: fünfter Buchstabe,

– viertes Wort: erster, zweiter und vierter Buchstabe,

– fünftes Wort: fünfter Buchstabe,

– sechstes Wort: kein Buchstabe,

– siebentes Wort: zweiter Buchstabe,

– achtes Wort: erster Buchstabe,

– neuntes Wort: vierter Buchstabe,

– zehntes Wort: zweiter Buchstabe,

– elftes Wort: erster Buchstabe,

– zwölftes Wort: neunter Buchstabe,

– dreizehntes Wort: zweiter Buchstabe,

– vierzehntes Wort: fünfter Buchstabe.

Lösungswort: _____

▶ *Wortgitter: Suche waagerecht und senkrecht*

J	E	N	A	F	Z	R	T	I	J	N	K
A	B	C	U	I	B	E	Q	S	I	G	Ö
O	I	F	E	H	R	B	E	L	L	I	N
K	B	E	R	L	I	N	D	R	J	V	I
Y	X	V	S	U	Z	D	A	L	I	N	G
Q	P	O	T	S	D	A	M	I	B	V	S
X	B	U	E	R	T	H	E	E	N	I	B
K	T	S	D	U	X	C	B	I	R	T	E
W	I	Z	T	F	M	R	A	J	T	G	R
A	C	D	B	F	T	I	L	S	I	T	G

▶ *Trage die gefundenen Orte in die Liste ein und erkläre, was dort geschah:*

1.＿＿＿＿＿＿＿＿＿＿＿＿＿＿＿＿＿＿＿＿＿＿＿＿＿＿＿＿＿＿＿

2.＿＿＿＿＿＿＿＿＿＿＿＿＿＿＿＿＿＿＿＿＿＿＿＿＿＿＿＿＿＿＿

3.＿＿＿＿＿＿＿＿＿＿＿＿＿＿＿＿＿＿＿＿＿＿＿＿＿＿＿＿＿＿＿

4.＿＿＿＿＿＿＿＿＿＿＿＿＿＿＿＿＿＿＿＿＿＿＿＿＿＿＿＿＿＿＿

5.＿＿＿＿＿＿＿＿＿＿＿＿＿＿＿＿＿＿＿＿＿＿＿＿＿＿＿＿＿＿＿

6.＿＿＿＿＿＿＿＿＿＿＿＿＿＿＿＿＿＿＿＿＿＿＿＿＿＿＿＿＿＿＿

7.＿＿＿＿＿＿＿＿＿＿＿＿＿＿＿＿＿＿＿＿＿＿＿＿＿＿＿＿＿＿＿

Aus den gefundenen Wörtern musst du folgende Buchstaben entnehmen: u, e, t, h, n, e, l. Wenn du sie richtig zusammensetzt, ergibt sich der Name eines Ortes, an dem im Siebenjährigen Krieg eine für Preußen wichtige Schlacht geschlagen wurde.

Lösungswort: ＿＿＿＿＿＿＿＿＿＿＿＿＿＿＿＿＿＿＿＿＿＿＿＿＿

1. Was hatte der Burggraf von Nürnberg mit Jena und Auerstedt zu tun?

2. Was hatte Jakob Fugger mit Kaiser Karl V. zusammen geführt?

3. Wieso konnte Karl V. behaupten, dass in seinem Reich die Sonne nicht untergeht?

4. Was hat das Edikt von Potsdam mit den Hugenotten zu tun?

5. Schlesien war der Zankapfel zwischen _____ und _____ .

6. Was die Hohenzollern für _____ , waren die Wittelsbacher für _____

   und die Wettiner für _____ .

7. Welcher französische Philosoph hat welchen preußischen König oft in _____

   besucht?

8. Was hatten Friedrich der Große und das Oderbruch miteinander zu tun?

9. Der Soldatenkönig Friedrich Wilhelm I. hatte einen Freund seines Sohnes zum Tode verurteilt und

   hinrichten lassen. Wessen Freund war der Hingerichtete? Wie hieß er?

10. Welcher preußische Kronprinz hat auf Schloss Rheinsberg glückliche Jahre mit Kunst und Wissen-

    schaft verbracht?

11. Warum wurde 2001 das so genannte Preußen-Jahr begangen?

▶ *Beantworte die Fragen und Leerstellen im Text im Telegrammstil.*

1. _____

2. _____

3. _____

4. _____

5. _____

6. _____

7. _____

8. _____

9. _____

10. _____

11. _____

A 41   Gesucht wird ...

▶ *Lies dir den folgenden Text aufmerksam durch und trage die fehlenden Wörter in die Lücken ein. Wenn du die richtigen Begriffe an die richtige Stelle setzt, wirst du leicht erkennen, wer die gesuchte Person ist.*

Er war ein Hohenzoller, der bekannteste und auch bedeutendste bis zu seiner Zeit. Er hat im Jahre

_____ die _____ bei _____ geschlagen. Zehn Jah-

re später erließ er ein wichtiges Edikt, genannt nach seinem Regierungssitz, das _____

von _____. Es war deshalb so wichtig, weil es den aus _____

geflohenen _____ politisches Asyl und eine neue Heimat bot. Nur drei Jahre spä-

ter verstarb er. Aber vorher, während des _____ Krieges und danach machte er

von sich reden, weil er wiederholt und schnell die politischen und militärischen Fronten wechselte. Das

Wohl seines _____ und sicher auch sein eigenes ging ihm über alles. Da pfiff er

auf so genannte Bündnistreue. Und dies Geschäft war einträglich. Er konnte neues Land gewinnen und

sein _____ dadurch fast verdoppeln, zum Beispiel durch _____

und das Gebiet um _____ und _____. Das war für ihn ein

gutes Ergebnis nach dem Frieden von _____ und _____.

1675 eroberte er _____ - Vorpommern, auf das er jedoch vier Jahre später ver-

zichten musste.

Wer war der Gesuchte? _____

Man kann sich schon ein gewisses Bild von der widerspruchsvollen Gestalt des Preußenkönigs Friedrichs II. machen, wenn man seine Randbemerkungen liest, die er auf Akten machte, die ihm vorgelegt wurden. Und es ging alles über den Schreibtisch dieses Königs, der perfekt französisch sprach und schrieb, aber nach seinen eigenen Worten deutsch wie ein Kutscher redete.

▶ *Lies dir die folgenden Zitate genau durch und beachte dabei das „friederizianische Deutsch".*

Antwort auf eine Beschwerde des Generaldirektoriums wegen Arbeitsüberlastung: „Wen Sie fleisich arbeiten, So können sie ihre arbeit des morgens in Curenten Sachen in 3 Stunden verrichten; wen Sie Sich aber Historien vertzehlen, tzeitungen lesen, So ist der gantze Tag nicht lang genug."

Randverfügung auf einem Arbeitsbericht des Generaldirektoriums: „Sie sollen mir vordersamst wegen die Remissions einschicken und nicht so faul seindt, nicht so viel reisen, sondern mehr arbeiten, auf das bei Sachen, dar es so höchst nöthig ist, das promte hülfe geschihet, solches nicht verseumet wirdt, aber sie deliberiren heute, was sie schon vohrgestern heten thun sollen. dießes ist vohrs erste eine erinnerung; sie Sollen sich inacht nehmen, das es nicht schlimer kömt."

Randverfügung auf einem Bericht des Generaldirektoriums über vorbeugende Maßnahmen gegen Überschwemmungen: „Das Directorium weis vihl was überschwemmungen Seindt, Sie laßen got einen guten Man Seindt und wan Sie Nur lange Schlafen vihl eßen und wenig arbeit haben So ist ihm alles geleich. Dießes Sollte mit güldenen Buch Staben in der versammlung des höchst löblichen Directorio geschrieben werden."

Kabinettsorder an den Minister v. Görne: „....Hiernechst erinnere Euch nochmahlen, in Euren Berichten nicht so abscheulich weitläufig zu seyn, sondern gleich ad rem zu kommen, und nicht 100 Wörter zu einer Sache zu gebrauchen, die mit 2 Wörtern gesagt werden kann. Ihr werdet daher solches künftig beobachten."

Randverfügung auf einem Bericht des Kammerpräsidenten der preußischen Provinz Kleve: „Ich muß schlecht von Euch sein informieret worden, oder Ihr seid ein Esel, daß Ihr die Provinz nicht kennet oder ein Windbeutel, der sich um nichts Kümmert; man Kann Keinen dummeren Bericht machen als den Ihr mir da schicket."

Randverfügung auf dem Gesuch eines Majors, sich zum vierten Male verheiraten zu dürfen: „Von jetzt ab Kan sich der Major so oft verheirathen als er will."

Randverfügung auf dem Heiratsgesuch eines Husarenoberst für einige Offiziere seines Regiments: „wann Huzaren Weiber nehmen So Seindt Sie Selten noch dan ein Schus pulver wert aber wen er Meinte daß Sie doch guth Dinen würden, So wollte ich es erlauben."

(Friedrich II.: Wonach Er sich zu richten hat. Urteile und Verfügungen. Hrsg. von Georg Piltz. Eulenspiegel Verlag, Berlin 1987, S. 5, 6, 7, 8, 28)

▶ *Deine Aufgabe ist es,*

1. die Zitate in richtiges Deutsch zu „übersetzen" und
2. dir eine Meinung darüber zu bilden, ob der König mit seinen Bemerkungen wohl Recht hatte, und wenn ja, warum.

▶ *Setze die Bildschnipsel zu einer „richtigen" Abbildung zusammen. Klebe sie auf ein gesondertes Blatt. Sie zeigt die „Neue Wache" in Berlin.*

▶ *Wer hat die „Neue Wache" gebaut?*

a) Georg Wenzeslaus von Knobelsdorff

b) Friedrich Schinkel

c) Andreas Schlüter

Lösung: _____

Aus diesen „Dominosteinen" musst du durch richtige Zusammensetzung die Namen von 24 Gebieten (Territorien) herausfinden, die das Kurfürstentum Brandenburg und das spätere Königreich Preußen zwischen 1440 und 1795 erworben oder erobert und annektiert haben.

▶ *Trage die Namen dieser Gebiete in alphabetischer Reihenfolge in die unten stehenden Leerzeilen ein.*

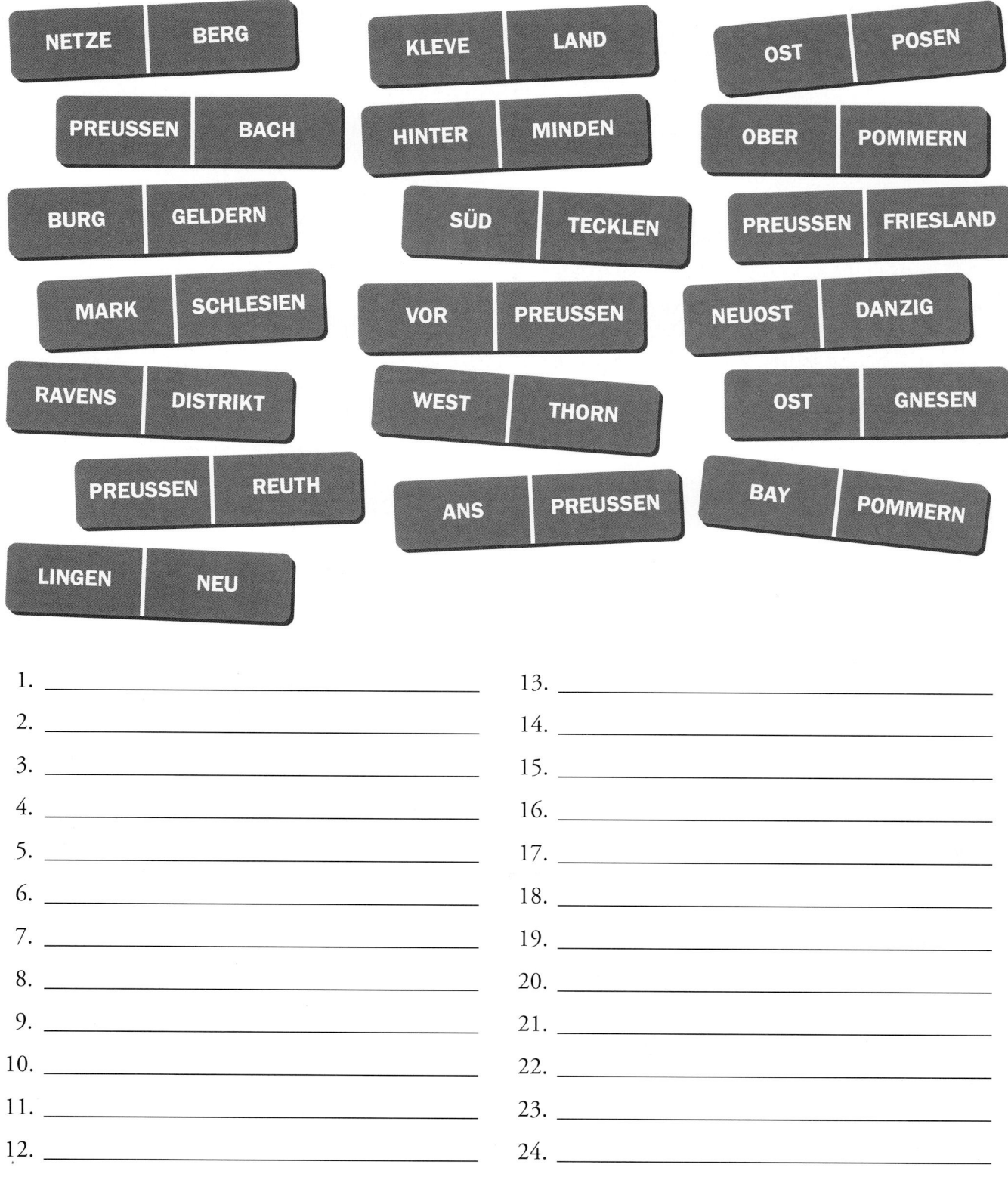

NETZE	BERG		KLEVE	LAND		OST	POSEN
PREUSSEN	BACH		HINTER	MINDEN		OBER	POMMERN
BURG	GELDERN		SÜD	TECKLEN		PREUSSEN	FRIESLAND
MARK	SCHLESIEN		VOR	PREUSSEN		NEUOST	DANZIG
RAVENS	DISTRIKT		WEST	THORN		OST	GNESEN
PREUSSEN	REUTH		ANS	PREUSSEN		BAY	POMMERN
LINGEN	NEU						

1. _____
2. _____
3. _____
4. _____
5. _____
6. _____
7. _____
8. _____
9. _____
10. _____
11. _____
12. _____
13. _____
14. _____
15. _____
16. _____
17. _____
18. _____
19. _____
20. _____
21. _____
22. _____
23. _____
24. _____

▶ *Schneide die einzelnen „Domiosteine" aus und klebe sie – richtig zusammen gesetzt – auf ein gesondertes Blatt.*

Dieses Wortgitter enthält die Antworten auf folgende Fragen (manche Antworten bestehen aus mehreren Wörtern):

1. Wahlspruch des Preußenkönigs

2. Wahlspruch des Sonnenkönigs

3. Welcher Preußenkönig ist gemeint?

4. Wer war der Sonnenkönig?

5. Vorherrschende Regierungsform jener Zeit

6. Wichtige geistige Strömung jener Zeit

7. Typische Regierungsform für Preußen

A	D	E	R	Y	X	F	U	A	S	Z	A
B	I	C	H	Z	V	R	F	B	T	J	U
S	T	A	A	T	X	I	Q	S	A	L	F
O	V	M	E	I	N	E	S	O	A	P	G
L	U	D	W	I	G	D	S	L	T	R	E
U	D	I	E	N	E	R	C	U	E	J	K
T	Z	Y	X	Q	B	I	N	T	S	V	L
I	C	H	E	A	D	C	V	I	Q	R	A
S	X	Z	R	Q	T	H	K	S	N	V	E
M	A	B	S	G	F	D	L	M	I	J	R
U	S	I	T	A	C	B	D	U	X	S	T
S	X	N	E	Z	V	A	T	S	F	U	E
A	U	F	K	L	A	E	R	U	N	G	R

 Trage die Antworten auf die Fragen 1 bis 7 in die Leerzeilen ein:

1. _____

2. _____

3. _____

4. _____

5. _____

6. _____

7. _____

▶ *Schneide die Bildschnipsel aus und setze das Puzzle sinnvoll zusammen, so dass sich als Ergebnis ein zeitgenössischer Stich aus dem 18. Jahrhundert ergibt.*

Das Bild zeigt die Ankunft Salzburger Emigranten in Preußen Anfang der dreißiger Jahre des 18. Jahrhunderts.

▶ *Beantworte diese Fragen. Ziehe dabei dein Geschichtsbuch oder ein Lexikon zu Rate:*

1. Wer hatte die 15 500 Salzburger Bergbauern nach Preußen gerufen?
2. Wer hatte die Salzburger aus ihrer Heimat vertrieben?
3. Wo fanden sie eine neue Heimat?

1. _____

2. _____

3. _____

In der Französischen Revolution, die 1789 begann, gab es ein Grundsatzprogramm, würde man heute viel-leicht sagen, ein Programm, das die Ziele der Revolution umschrieb. Dafür standen drei Begriffe.

▶ *Wenn du das kleine Silbenrätsel löst, findest du die Namen der Begriffe in französischer Sprache.*

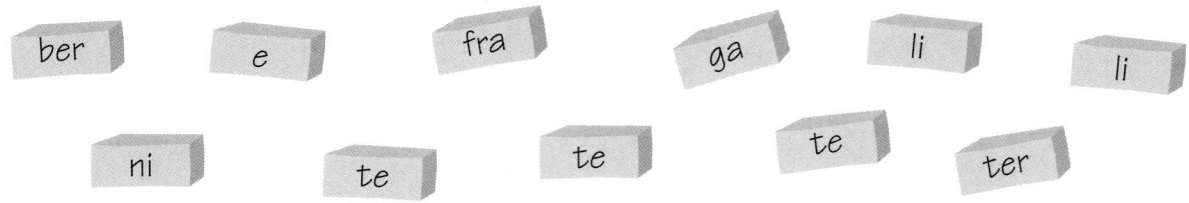

Wie heißen die gesuchten Begriffe?

	Französisch	Deutsch
1.		
2.		
3.		

Zusatzinformation:

Die Ideale der Französischen Revolution fanden auch in Deutschland starken Widerhall. In Mainz wurde die Mainzer Republik errichtet, und in zahlreichen anderen Städten kam es zwischen 1789 und 1795 zu Unruhen. Das gilt beispielsweise im Herzogtum Württemberg und im Kurfürstentum Bayern für Stutt-gart, Ulm, Tübingen, Donauwörth, Augsburg, München, Nürnberg, Erlangen, aber auch in Westdeutsch-land für Köln, Aachen, Boppard und Trier. Ferner gab es im Kurfürstentum Sachsen, in Norddeutschland und Schlesien städtische Unruhen.

▶ *Fertige dir mit Hilfe des Atlas eine einfache Skizze der genannten Gebiete an und trage die oben stehenden Orte in die Karte ein.*

▶ *Dieses Wortgitter enthält zwölf Namen und Begriffe aus der Französischen Revolution von 1789 und den folgenden Jahren. Finde sie!*

J	U	S	T	K	S	B	A	B	E	U	F
A	Z	G	B	A	S	T	I	L	L	E	R
K	X	I	S	U	R	V	A	L	M	Y	A
O	Z	Y	L	V	D	J	K	B	A	X	T
B	X	P	F	O	R	S	T	E	R	Q	E
I	L	I	B	E	R	T	E	X	A	Y	R
N	E	R	P	U	Q	D	A	N	T	O	N
E	G	A	L	I	T	E	Z	W	U	F	I
R	O	B	E	S	P	I	E	R	R	E	T
A	C	B	D	F	E	H	G	P	E	G	E

▶ *Trage die Namen und Begriffe in die Leerzeilen ein*

Waagerecht	Senkrecht
1. _____	1. _____
2. _____	2. _____
3. _____	3. _____
4. _____	
5. _____	
6. _____	
7. _____	
8. _____	
9. _____	

Wähle aus den Lösungswörtern einzelne Buchstaben aus, die – richtig zusammengesetzt – einen Begriff ergeben, aus dem der Einfluss der Französischen Revolution auf Deutschland hervorgeht.

Du brauchst dafür aus

1. *waagerecht* den zweiten Buchstaben

2. *waagerecht* den ersten Buchstaben

3. *waagerecht* den fünften Buchstaben

4. *waagerecht* keinen Buchstaben

5. *waagerecht* keinen Buchstaben

6. *waagerecht* den ersten Buchstaben

7. *waagerecht* den dritten Buchstaben

8. *waagerecht* den siebenten Buchstaben

9. *waagerecht* den ersten, fünften und siebenten Buchstaben

1. *senkrecht* den zweiten, dritten und sechsten Buchstaben

2. *senkrecht* den ersten Buchstaben

3. *senkrecht* den zweiten Buchstaben

Einen Buchstaben, den du brauchst, findest du hier nicht. Suche ihn!

Lösungswort: _____   _____

1. Götz von Berlichingen ist ein Dramenheld Johann Wolfgang von Goethes. Wodurch ist Berlichingen noch bekannt geworden?

   _____

   _____

2. Der Prinz Eugen von Savoyen hat sich große Verdienste um die Habsburger Monarchie erworben. Worin bestanden sie?

   _____

   _____

3. Der französische König Heinrich IV. verkündete im Jahre 1598 ein bedeutsames Dokument. Worum handelte es sich? Was hatte es zum Inhalt?

   _____

   _____

4. Daniel Pöppelmann erbaute den Dresdener Zwinger im Auftrag von _____

   _____   _____.

5. Der Kurfürst von Brandenburg erließ 1685 das Edikt von _____. Was war sein Inhalt?

6. Die Bundeshauptstadt der USA heißt Washington. Nach wem ist sie benannt? _____

   _____

7. Wer wurde 1789 erster Präsident der USA?

   _____

8. 1792/93 errichteten Mainzer Freunde der Französischen Revolution die _____ Republik

9. Georg Wenzeslaus von Knobelsdorff erbaute in Potsdam das berühmte Schloss

   _____.

Die Post gibt immer wieder Briefmarken mit historischen Motiven heraus. Dies geschieht aus Anlass bestimmter „runder" Gedenktage.

▶ *Finde heraus, welcher Persönlichkeit oder welchem Ereignis die Marken gewidmet waren, wenn sie auf eine bestimmte Jahreszahl oder einen bestimmten, seitdem vergangenen Zeitraum bezogen waren. Beispielsweise sind Briefmarken zu Gedenktagen herausgegeben worden, von denen es hieß:*

1. Vor 1 200 Jahren (Ausgabe 2000)
2. vor 750 Jahren (Ausgabe 2000)
3. vor 600 Jahren (Ausgabe 2000)
4. vor 350 Jahren (Ausgabe 1998)

5. vor 350 Jahren (Ausgabe 2000)
6. vor 300 Jahren (Ausgabe 2001)
7. vor 250 Jahren (Ausgabe 2000)

▶ *Überlege dir,*

1. welche Jahreszahlen gemeint sind,

2. welches Ereignis zu dieser Zeit stattfand.

▶ *Trage hier die Jahreszahlen ein:*

1. _____

2. _____

3. _____

4. _____

5. _____

6. _____

7. _____

▶ *Trage hier die Ereignisse ein, die sich auf die genannten Jahreszahlen beziehen, zum Beispiel:*

1. _800_   *Kaiserkrönung Karls des Großen* _____

2. _____

3. _____

4. _____

5. _____

6. _____

7. _____

Die Aufgabe ist richtig gelöst, wenn du die folgenden Angaben eingesetzt hast. Sie werden hier in ungeordneter Reihenfolge genannt:

> *Erste Tageszeitung erscheint; Johann Sebastian Bach gestorben; Greifswald wird Stadt; Johann Gutenberg geboren; Karl der Große zum Kaiser gekrönt; Westfälischer Frieden; Preußen wird Königreich.*

▶ *Lies dir die folgende Liste, die geschichtliche Ereignisse und die dazu gehörenden Jahreszahlen enthält, mehrmals gründlich durch und versuche, dir möglichst viele Daten und Ereignisse einzuprägen.*

843	Vertrag von Verdun
919	Heinrich I. erster deutscher König
1445	Gutenberg, Buchdruck mit beweglichen Lettern
1500	Kaiser Karl V. geboren
1511	Peter Henlein erfindet das Nürnberger Ei
1517	Luthers Thesen
1521	Luther auf dem Reichstag in Worms
1524	Beginn des deutschen Bauernkriegs
1555	Augsburger Religionsfrieden
1618	Beginn des Dreißigjährigen Krieges, Prager Fenstersturz
1634	Ermordung Wallensteins
1648	Westfälischer Frieden
1675	Schlacht bei Fehrbellin
1685	Edikt von Potsdam
1701	Gründung des Königreichs Preußen
1712	Friedrich II. von Preußen geboren
1756	Beginn des Siebenjährigen Krieges
1772	Erste Teilung Polens

- *hier abknicken* -

▶ *Anschließend trage die Geschichtsdaten, die du behalten hast, in die folgenden Leerzeilen ein.*

_____

_____

_____

_____

_____

_____

_____

_____

_____

_____

In diesem Zahlensalat sind 12 Geschichtsdaten versteckt. Suche diese Daten heraus und schreibe sie untereinander:

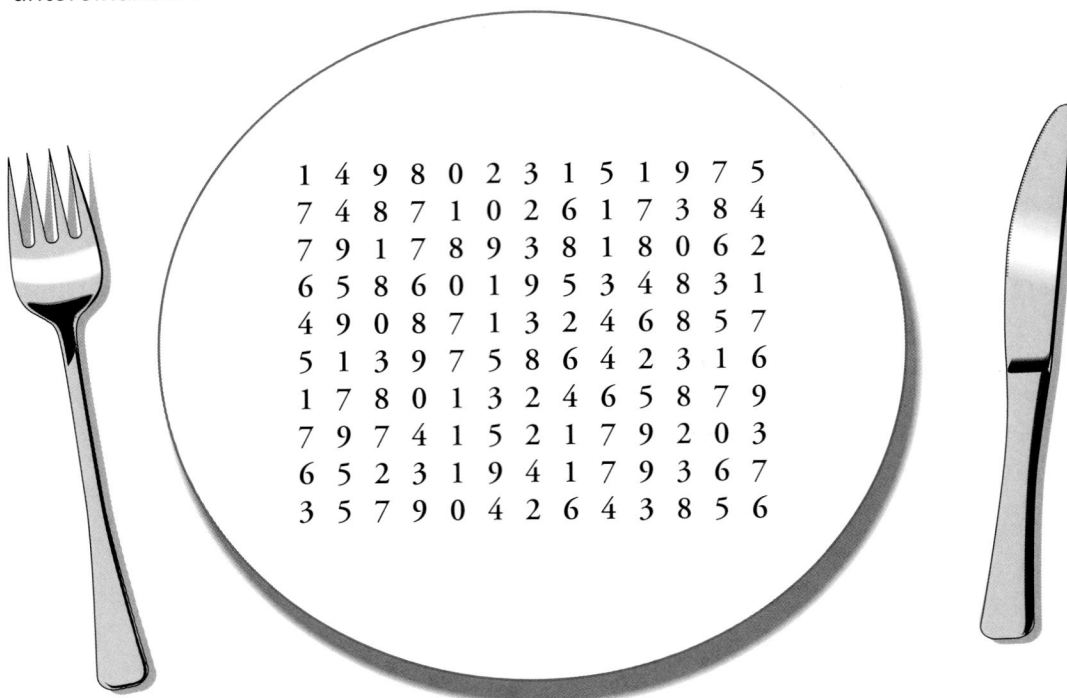

```
1  4  9  8  0  2  3  1  5  1  9  7  5
7  4  8  7  1  0  2  6  1  7  3  8  4
7  9  1  7  8  9  3  8  1  8  0  6  2
6  5  8  6  0  1  9  5  3  4  8  3  1
4  9  0  8  7  1  3  2  4  6  8  5  7
5  1  3  9  7  5  8  6  4  2  3  1  6
1  7  8  0  1  3  2  4  6  5  8  7  9
7  9  7  4  1  5  2  1  7  9  2  0  3
6  5  2  3  1  9  4  1  7  9  3  6  7
3  5  7  9  0  4  2  6  4  3  8  5  6
```

Streiche die gefundenen Geschichtsdaten aus dem Zahlenkorb aus. Schreibe das zur jeweiligen Jahreszahl gehörende Ereignis hinter die betreffende Zahl.

	Jahr	Ereignis
1.	1498	
2.	1519	
3.	1685	
4.	1763	
5.	1776	
6.	1784	
7.	1789	
8.	1792/93	
9.	1795	
10.	1803	
11.	1806	
12.	1807	

▶ *Die folgenden Angaben beziehen sich auf frühere Herrscherhäuser und deren Territorien. Die Angaben sind ein bisschen durcheinander geraten. Ordne diese Angaben.*

Wer gehört wohin?

Herrscherhaus	Territorium
Wettiner	Russland
Habsburger	Bayern
Hohenzollern	Sachsen
Wittelsbacher	Österreich
Württemberger	Württemberg
Staufer	Niedersachsen
Welfen	Deutsches Reich
Anhalt-Zerbst	Preußen

Antworten:

1. _____

2. _____

3. _____

4. _____

5. _____

6. _____

7. _____

8. _____

▶ *Aus diesen Herrscherhäusern sind sehr bekannte historische Persönlichkeiten hervorgegangen. Sie sind in dem folgenden Wortgitter versteckt. Suche sie und schreibe sie in die sich anschließenden leeren Zeilen. Ordne sie ihrem Herrschergeschlecht zu. In einem Falle spielt eine deutsche Fürstin in Russland eine bedeutende Rolle.*

H	E	I	N	R	I	C	H	M	A	R	I	A
K	X	B	T	U	N	G	U	V	Y	T	R	F
A	Y	A	C	X	A	U	G	U	S	T	Q	R
T	G	R	O	S	S	E	S	N	T	H	D	I
H	R	B	I	G	T	S	J	U	A	E	R	E
A	O	A	I	B	G	N	D	E	R	R	O	D
R	S	R	L	V	T	J	I	P	K	E	S	R
I	S	O	H	T	Z	F	E	I	E	S	Q	I
N	E	S	X	Z	U	L	U	D	W	I	G	C
A	D	S	H	L	O	E	W	E	I	A	T	H
V	C	A	U	T	G	D	E	R	I	B	V	T
F	R	I	E	D	R	I	C	H	L	T	U	Q

Lösungen:

1. _____

2. _____

3. _____

4. _____

5. _____

6. _____

7. _____

8. _____

▶ *Eine Anregung zu kreativem Schreiben (Freiarbeit)*

Wie du vielleicht weißt, haben deutsche Fürsten, u.a. der Landgraf von Hessen-Kassel, in den siebziger Jahren des 18. Jahrhunderts Tausende ihrer „Landeskinder" an die englische Regierung verkauft. Die Engländer brauchten 20 000 deutsche Soldaten für den Kampf gegen die Bewohner der englischen Kolonien in Amerika, die für ihre Unabhängigkeit kämpften und sich am 4. Juli 1776 für unabhängig erklärten.

▶ *Deine Aufgabe ist es, deine Fantasie spielen zu lassen, um den Erlebnisbericht eines an England verkauften hessischen Soldaten zu schreiben. Versetze dich in die Lage dieses Menschen und schildere, was er gedacht und erlebt haben könnte. Dazu musst du folgende Tatsachen kennen:*

Am 4. Juli 1776 erklärten 13 nordamerikanische Kolonien ihre Unabhängigkeit von England. Im Unabhängigkeitskrieg siegten die nordamerikanischen Staaten 1783 über die englischen Kolonialtruppen. Als die englische Regierung erkannte, dass ihre eigenen Soldaten für die Niederschlagung der Aufständischen nicht ausreichen würden, verhandelte sie mit deutschen Fürsten. Gegen Bezahlung wollte sie 20 000 Soldaten in ihren Dienst in Amerika nehmen.

Der Landgraf von Hessen-Kassel und der Herzog von Braunschweig waren dazu bereit, ihre Landeskinder gegen bare Münze zu verkaufen. Den größten Anteil stellte Hessen mit 12 000 Mann Soldtruppen. Der Landgraf kassierte zwischen 1776 und 1784 fast 20 Millionen Taler. Nach Abzug der Kosten für die Ausrüstung blieb ihm ein Reingewinn von elf Millionen Talern. Die hessischen Soldaten galten damals als die besten Soldaten nach den preußischen. Aber die Hessen hatten nicht genügend Leute im eigenen Land. Daher warben sie mit Tricks Rekruten in anderen Gebieten.

Die Hessen und Braunschweiger mussten schon im Dezember 1776 eine ernste Niederlage im Kampf mit den amerikanischen Regimentern unter General George Washington erleiden. Von den fast 30 000 Soldaten, die insgesamt nach Amerika kamen, kehrten über 12 000 nicht mehr zurück. Sie wurden getötet, fielen Krankheiten zum Opfer oder desertierten. Diese Deserteure blieben in Amerika und fanden dort eine neue Heimat.

▶ *Nun kannst du dir die Geschichte eines dieser hessischen Soldaten, die in Amerika blieben, ausdenken und auf ein gesondertes Blatt schreiben. Beachte dabei insbesondere: Warum ist er desertiert und hat sich eventuell auf die Seite der aufständischen Amerikaner geschlagen? Warum hat er seiner alten Heimat für immer den Rücken gekehrt und ist in Amerika geblieben?*

▶ *Geschichtliche Ereignisse sind oftmals mit bestimmten Orten verbunden, mit historischen Orten. Du findest hier eine Auswahl solcher Orte. Deine Aufgabe soll es sein zu notieren, welches Ereignis an dem jeweiligen Ort stattgefunden hat. Um dir die Arbeit zu erleichtern, ist auch die betreffende Jahreszahl genannt.*

1. Valmy 1792 _____

2. Königsberg 1701 _____

3. Münster/Osnabrück 1648 _____

4. Frankenhausen 1525 _____

5. Wittenberg 1517 _____

6. Tilsit 1807 _____

7. Leipzig 1813 _____

8. Jena/Auerstedt 1806 _____

9. Wien 1815 _____

10. Mainz 1792 / 93 _____

11. Tauroggen 1812 _____

12. Potsdam 1685 _____

13. Magdeburg 1654 _____

14. Prag 1618 _____

15. Elba 1814 _____

16. Waterloo 1815 _____

17. Nürnberg 1511 _____

18. Pressburg 1805 _____

19. Frankfurt am Main 1815 _____

20. Austerlitz 1805 _____

▶ *Schreibe neben die betreffende Jahreszahl das historische Ereignis ein.*

Auch Erfindungen haben ihre Geschichte.

▶ *In der nachstehenden Liste sind einige wichtige Erfindungen aufgeführt. Schätze ab, wie alt diese Erfindungen wohl sein mögen (bezogen auf das Jahr 2002). In den an die Liste anschließenden Kästchen sind Jahresangaben zusammengestellt. Sie sind jedoch vollkommen durcheinander geraten. Ordne den Erfindungen die richtigen Zahlen zu und führe sie auf einem gesonderten Blatt in chronologischer Reihenfolge auf.*

Erfindung	Wie alt?
Pflug	Jahre
Gabel	
Schubkarre	
Brot mit Sauerteig	
Postkutsche	
Dampfschiff	
Spiegel aus Glas	
Papier	
Thermometer	
Dampflokomotive	
Selters/Limonade	
Fernrohr	
Räder am Wagen	
Scheibenglas/Fensterscheibe	

393 710 5 500 930

3 800 1895 5 000 380

198 313 1 600 233 195

408

▶ *Erinnere dich an deine Kenntnisse aus dem Geschichtsunterricht und versuche, die folgenden Begriffe in knapper Form zu erklären:*

1. Schwäbischer Bund _____

   _____

2. Reichstag _____

   _____

3. Union _____

   _____

4. Liga _____

   _____

5. Wormser Edikt _____

   _____

6. Heilige Allianz _____

   _____

7. Augsburger Friedenswerk _____

   _____

8. Gegenreformation _____

   _____

9. Zähringer _____

   _____

10. Absolutismus _____

   _____

11. Wittelsbacher _____

   _____

12. Wiener Kongress _____

A 1

Eisleben, Erfurt, Theologie, Wittenberg, lateinischer, Thesen, Ablasshandel, Augsburg, Worms, 1521, Kurfürst von Sachsen, Wartburg, Junker Jörg, Neue Testament, Deutsche

Gesucht: Martin Luther

Er hat mit seiner Übersetzung des Neuen Testaments die Grundlage für die neuhochdeutsche Schriftsprache geschaffen.

A 2

1. Luther
2. Melanchthon
3. Reformation
4. Gegenreformation
5. Augsburger Religionsfrieden
6. Bauernkrieg
7. Zwölf Artikel
8. Calvin
9. Zwingli
10. Jan Hus
11. Frundsberg
12. Jesuitenorden
13. Thesen
14. Joss Fritz

A 3

1. Ablasshandel
2. Ablasshändler Johannes Tetzel.
3. „Sobald der Gulden im Becken klingt, Im Nu die Seel in den Himmel springt."

Am Anfang des 16. Jahrhunderts breitete sich große Empörung über den Ablasshandel aus, den die hohe Geistlichkeit betrieb. Gegen Geld wurde versprochen, kirchliche Sündenstrafen zu erlassen. Besonders bekannt als Ablasshändler wurde der Mönch Tetzel.

„Der Ablasshandel", Holzschnitt von Hans Holbein d. J., Anfang des 16. Jahrhunderts
AKG, Berlin

A 4

Jäcklein Rohrbach, Joss Fritz, Georg von Frundsberg, Götz von Berlichingen, Truchsess von Waldburg, Thomas Müntzer, Graf von Mansfeld

Lösungswort: Mühlhausen

A 5

Plünderung des Klosters Weißenau während des deutschen Bauernkrieges 1524/25 (s.u.)

Lösung: Plünderung des Klosters Weißenau

A 7

Durch diese praktische Arbeit können sich die Schüler Kenntnisse über Vorläufer des deutschen Bauernkrieges erwerben oder festigen.

A 8

Auch diese mehr praktische Arbeit soll den Lernprozess der Schüler unterstützen, wenn sie sich mit den Kerngebieten des deutschen Bauernkrieges befassen. Alle genannten Kämpfe fanden 1525 statt.

Plünderung des Klosters Weißenau bei Ravensburg durch aufständische Bauern
Bildarchiv Preußischer Kulturbesitz, Berlin

A 6

Es fehlen: Die Tafel mit den Initialien LC ganz rechts, der Mann hinten rechts, der Mann im Vordergrund Mitte, das Material ganz links unten, die beiden Stangen im Hintergrund Mitte links.

A 9

1. Worms Reichstagsstadt
2. Stuttgart Residenzstadt
3. Rastatt Residenzstadt
4. Augsburg Reichstagsstadt
5. Speyer Reichstagsstadt
6. Karlsruhe Residenzstadt
7. Regensburg Reichstagsstadt
8. München Residenzstadt
9. Konstanz Konzilstadt

Lösungswort: Reichstag

A 10

I. Poet, (Johann Wolfgang) von Goethe, (Richard) Wagner

Der Gesuchte: Hans Sachs

II. Nürnberger (Ei).
Taschenuhr von Peter Henlein

III. Reformation

IV. 1618, (Beginn) des Dreißigjährigen Krieges, Münster und Osnabrück

A 11

1. 1495	2. 12. Jahrhundert	3. 1180
4. 1356	5. 1803	6. 1803
7. 1806	8. 1805	9. 1806

Lösungswort: Zähringer

A 12

1.	Aachen	Kaiserpfalz
2.	Berlin	Brandenburger Tor
3.	Bremen	Roland
4.	Dresden	Zwinger
5.	Eisenach	Wartburg
6.	Frankfurt	Paulskirche
7.	Köln	Dom
8.	München	Frauenkirche
9.	Potsdam	Sanssouci
10.	Ulm	Münster

A 13

1. Möglich wären:

Romanik	Wormser Dom, Dom von Havelberg
Gotik	Kölner Dom
Renaissance	Haigerlocher Schloss
Barock	Dresdener Zwinger
Rokoko	Schloss Sanssouci in Potsdam
Klassik	Altes Museum in Berlin

2.
Andreas Schlüter
Peter Vischer der Ältere
Balthasar Neumann
Georg Wenzeslaus von Knobelsdorff
Friedrich Schinkel
Daniel Pöppelmann

A 14

Das Bild zeigt den Dresdener Zwinger (s.u.). August der Starke hat Pöppelmann beauftragt, den Zwinger zu bauen. Er zählt zu den schönsten deutschen Barockbauten.

Dresdener Zwinger
MEV Verlag GmbH, Augsburg

Lösungen

A 15

1. Prinz Eugen gehört nicht in eine Reihe mit den Kriegsherren des Dreißigjährigen Krieges. Er lebte später.
2. Tetzel war kein Reformator, sondern ein Vertreter des Ablasshandels.
3. Rembrandt war zwar auch ein großer Maler, aber er lebte später als die anderen Drei. Er war Niederländer.
4. Holbein war ein großer Künstler (Maler, Holzschnitzer), aber kein Astronom und Naturwissenschaftler.
5. Drei der genannten Herrscher stammen aus dem Hause Hohenzollern, Maria Theresia war Habsburgerin.
6. Hans Sachs war Schuhmacher und Poet, Meistersinger, während die anderen Herrscher und Großhandelsleute waren.
7. Behaim war Geograf, die anderen Baumeister.
8. Kolumbus, da Gama und Magellan waren berühmte „Entdecker neuer Welten" zu Beginn der Neuzeit, der englische Kapitän Cook war später, im 18. Jahrhundert, auf Entdeckungsreisen.

A 16

1. Martin Behaim, Geograf
2. Lucas Cranach, Maler
3. Albrecht Dürer, Maler und Grafiker
4. Peter Vischer, Eisengießer
5. Matthias Grünewald, Maler
6. Hans Holbein, Maler
7. Ulrich von Hutten, Humanist
8. Georg Wenzeslaus von Knobelsdorff, Baumeister
9. Philipp Melanchthon, Wissenschaftler
10. Balthasar Neumann, Baumeister
11. Paracelsus, Arzt
12. Daniel Pöppelmann, Baumeister
13. Jörg Ratgeb, Maler
14. Johannes Reuchlin, Humanist
15. Tilman Riemenschneider, Holzschnitzer
16. Adam Ries, Rechenmeister
17. Friedrich Schinkel, Baumeister
18. Andreas Schlüter, Bildhauer und Baumeister
19. Veit Stoss, Bildhauer

A 17

Johann Sebastian Bach, Ludwig van Beethoven, Johann Wolfgang Goethe, Georg Friedrich Händel, Johann Gottfried Herder, Georg Wenzeslaus von Knobelsdorff, Gotthold Ephraim Lessing, Wolfgang Amadeus Mozart, Balthasar Neumann, Daniel Pöppelmann, Friedrich Schiller, Peter Vischer

A 18

Altdorf, Bamberg, Basel, Bonn, Breslau, Bützow, Dillingen, Duisburg, Erfurt, Erlangen, Frankfurt/Oder, Freiburg, Fulda, Gießen, Göttingen, Greifswald, Halle, Heidelberg, Helmstedt, Herborn, Ingolstadt, Jena, Kassel, Kiel, Köln, Königsberg, Leipzig, Mainz, Marburg, Molsheim, Münster, Osnabrück, Paderborn, Prag, Rinteln, Rostock, Stadthagen, Straßburg, Stuttgart, Trier, Tübingen, Wittenberg, Würzburg

A 19

	falsch	richtig
1. Behaim, Martin	Maler	Geograf
2. Cranach, Lucas	Dichter	Maler
3. Dürer, Albrecht	Baumeister	Maler, Grafiker
4. Holbein, Hans	Humanist	Maler
5. Hutten, Ulrich	Geograf	Humanist
6. Melanchthon, Philipp	Bildgießer	Wissenschaftler
7. Neumann, Balthasar	Bildhauer	Baumeister
8. Riemenschneider, Tilman	Dichter	Bildschnitzer
9. Ries, Adam	Kupferstecher	Rechenmeister
10. Sachs, Hans	Baumeister	Poet, Meistersänger
11. Stoss, Veit	Poet	Bildhauer
12. Vischer, Peter	Geograf	Eisengießer

A 20

Renaissancehaus „Zum breiten Herd" in Erfurt

Ullstein Bilderdienst, Berlin

A 21

Durch diese Freiarbeit können die Schüler mit Hilfe von Text und Abbildungen ihre Kenntnisse von den wichtigsten Baustilen (Romanik bis Klassik) ergänzen und vertiefen sowie einen bedeutenden Abschnitt der Kulturgeschichte kennen lernen.

A 22

1 b, 2 c, 3 a, 4 b, 5 a, 6 b, 7 a, 8 c

A 23

1. Prager Fenstersturz
2. 1618
3. Dreißigjähriger Krieg

Prager Fenstersturz, 1618

AKG, Berlin

A 24

- Der kaiserliche Feldherr Tilly
- 1631
- Fast völlige Zerstörung Magdeburgs. Wiederaufbau durch Otto von Guericke

Es fehlen: Die Kirchtürme im Hintergrund Mitte rechts, die drei Kajütboote rechts, das Boot in der Mitte, die Fahne vorn links, der Mast links am Rande.

A 25

Böhmen, böhmisch, Erzherzog, Grafen(stand), Dresden, Christian IV., Holstein, Schleswig und Jütland, (Herzogtum) Mecklenburg, (Fürstentum) Sagan, (Herzog von) Friedland, Generalissimus, 25. Februar 1634, Eger

Gesucht: Albrecht von Wallenstein

A 26

Paris, Wien und Stockholm sind nicht von *einem* Standpunkt aus sichtbar. Der antike Götterbote Merkur und der christliche Friedensengel oben rechts und links sind nicht realistisch.

Der Münsterische Postreiter 1648
AKG, Berlin

A 27

Taschenuhr (Nürnberger Ei)	1511	Petroleumlampe	ab 1783
Turmwindmühle	ab 1580	Dampflokomotive	ab 1804
Magdeburger Halbkugel	1654	Dampfschiff	ab 1807
Jenny-Spinnmaschine	1767	Laufrad	1817
Dampfmaschine	1769		

A 28 / A 29

Beide Arbeitsblätter stehen in einem engen inhaltlichen Zusammenhang und haben den Charakter von Freiarbeit. Die Schüler sollen durch praktische Tätigkeit einen vertieften Eindruck von den Dimensionen des Fuggerschen Handelsimperiums bekommen.

A 28

Spezielle Lösung zu A 28:

Deutschland:	Augsburg, Nürnberg, Köln, Frankfurt, Leipzig
Belgien:	Antwerpen
Polen:	Breslau, Krakau, Danzig
Österreich:	Wien, Salzburg, Innsbruck, Villach
Italien:	Mailand, Venedig, Rom
Ungarn:	Buda (Budapest)
Spanien:	Madrid, Sevilla
Portugal:	Lissabon

A 30

Amsterdam, Augsburg, Breslau, Buda, Faktorei, Haupthaus, Kontor, Kupfer, Lissabon, Tiroler Silber, Venedig, Vertretung

Lösungswort: Fugger

A 31

Es fehlen: der Hund unten links, ein Paar Schuhe ganz oben links, das obere Regal rechts ist leer, der Schuh auf dem Tisch in der Bildmitte vorn, das Werkzeug auf dem Tisch rechts.

A 32

Kupferschmied, Drahtzieher, Rotgießer, Former, Gießer, Rotschmieddrechsler, Leuchtermacher, Ringmacher, Zimbelmacher, Gewichtmacher, Wagmacher, Beckenschläger, Beckendreher, Zirkelschmied, Kompassmacher, Spengler, Fingerhüter, Messingschlager, Schellenmacher

Lösungswort: Nürnberger Tand

A 33

Fördermaschine im Bergbau
AKG, Berlin

A 34

Es fehlen: Auf dem Regal rechts der Globus, die Schreibfeder auf dem Mitteltisch hinten, die mittlere Urkunde unter dem Regal, der kleine Gegenstand auf dem Schrank rechts, von den Männern am Pult hinten links fehlt einer.

A 35

Portugiesisches Kolonialreich
in Asien: Indien, Ceylon, Molukken, Südarabien
in Afrika: Guinea, Angola, Mocambique
in Amerika: Brasilien

Spanisches Kolonialreich
in Amerika: Peru, Mexiko
in Asien: Philippinen

Produkte
Portugal: Gewürze, Seide, Porzellan
Spanien: Gold, Silber, Zucker, Farbstoffe

A 36

Es fehlen: Degen des Kolumbus, der Querbalken am christlichen Kreuz, im rechten Hintergrund: einer der fliehenden Tainos, Segeltücher an den Schiffen.
Namen der drei Schiffe, mit denen Kolumbus auf Haiti landete: Santa Maria, Nina, Pinta

A 37

Diego d'Almagiro, Francisco d'Almeida, Vasco da Gama, Christoph Kolumbus, Ferdinand Magellan, Francisco Pizarro, Amerigo Vespucci

Lösungswort: Entdecker

A 38

Amazonas, Antillen, Bahamas, Chile, Haiti, Jamaika, Java, Kuba, Malediven, Molukken, Oran, Ostindien, Peru, Puerto Rico

Lösungswort: Kolonialmächte

A 39

Jena, Fehrbellin, Berlin, Potsdam, Tilsit, Auerstedt, Königsberg
Jena und Auerstedt: Niederlage Preußens 1806
Fehrbellin: Sieg des Großen Kurfürsten über die Schweden 1675
Königsberg: 1701 Preußen wird Königreich
Potsdam: 1685 Edikt des Kurfürsten, Hugenotten werden aufgenommen
Berlin: Ständige Residenz und Hauptstadt von Kurbrandenburg seit dem 15. Jahrhundert

Tilsit: 1807 Napoleons Diktatfrieden mit Preußen; große territoriale „Amputation" Preußens

U – Auerstedt
E – Jena
T – Potsdam
H – Fehrbellin
N – Königsberg
E – Berlin
L – Tilsit

Lösungswort: Leuthen

M 40

1. Der Burggraf von Nürnberg war der „Stammvater" der Hohenzollern als preußische Herrscherdynastie. Sie erlitt 1806 bei Jena und Auerstedt eine schwere Niederlage.
2. Fugger war der wichtigste Kreditgeber Karls V.
3. Sein Reich einschließlich Kolonialreich war so groß, dass „überall die Sonne schien".
4. Durch das Edikt von Potsdam wurde den Hugenotten, die aus Frankreich geflohen waren, Asyl in Brandenburg gewährt.
5. Schlesien war der Zankapfel zwischen *Preußen* und *Österreich*.
6. Was die Hohenzollern für *Preußen*, waren die Wittelsbacher für *Bayern* und die Wettiner für *Sachsen*.
7. Voltaire Friedrich II. in Sanssouci
8. Friedrich der Große ließ das Oderbruch entwässern (Landgewinnung).
9. Der Hingerichtete war ein Freund des Konprinzen Friedrich. Er hieß Katte.
10. Kronprinz Friedrich, der spätere König Friedrich II.
11. Vor 300 Jahren, 1701, wurde Preußen Königreich.

A 41

1675, Schweden, Fehrbellin, Edikt, Potsdam, Frankreich, Hugenotten, Dreißigjähriger Krieg, Landes, Kurfürstentum, Hinterpommern, Magdeburg, Halberstadt, Münster, Osnabrück, Schwedisch-Vorpommern

Der Gesuchte: Kurfürst Friedrich Wilhelm von Brandenburg

A 42

Curente Sachen – laufende Angelegenheiten
Remissions – Rücksendungen
deliberiren – beraten, überlegen
ad rem – zur Sache

A 43

Das Bild zeigt die *Neue Wache in Berlin. (Erbauer: Friedrich Schinkel)*

Vanni Archive / Agentur Corbis, Picture Press

A 44

Ansbach, Bayreuth, Danzig, Gnesen, Hinterpommern, Kleve, Kulmer Land, Lingen, Mark, Minden, Netzedistrikt, Neumark, Neuostpreußen, Obergeldern, Ostfriesland, Ostpreußen, Posen, Ravensberg, Schlesien, Südpreußen, Tecklenburg, Thorn, Vorpommern, Westpreußen

A 45

1. Ich bin der erste Diener meines Staates.
2. Der Staat bin ich.
3. Friedrich II.
4. Ludwig XIV. von Frankreich
5. Absolutismus
6. Aufklärung
7. Aufgeklärter Absolutismus

A 46

Das Bild zeigt die Ankunft Salzburger Emigranten in Preußen Anfang der dreißiger Jahre des 18. Jahrhunderts.

Kupferstich aus dem Jahre 1732
Bildarchiv Preußischer Kulturbesitz, Berlin

1. König Friedrich Wilhelm I
2. Der Erzbischof von Salzburg hat die Protestanten 1731 zur Auswanderung gezwungen.
3. 1732 im durch die Pest entvölkerten Ostpreußen

A 47

Liberté   Freiheit
Egalité   Gleichheit
Fraternité Brüderlichkeit

Zusatzinformation für den Lehrer:

Freiheit – für wen, wovon? Freiheit für die Mächtigen, die Besitzenden. Die alten absolutistischen Kräfte wurden verfolgt.
Gleichheit – die verschiedenen Schichten des Volkes, ihre unterschiedlichen sozialen Verhältnisse sind geblieben.

Brüderlichkeit – das war ein utopisches Ziel. Selbst die verschiedenen Gruppen der Revolutionäre haben sich verfolgt und umgebracht (siehe Robbespierre – Danton, später wurde Robbespierre selbst Opfer).

A 48

Waagerecht: 1. Just, 2. Babeuf, 3. Bastille, 4. Valmy, 5. Forster, 6. Liberté, 7. Danton, 8. Egalité, 9. Robbespierre

Senkrecht: 1. Jakobiner, 2. Marat, 3. Fraternite

Lösungswort: Mainzer Republik

A 49

1. Berlichingen, Reichsritter, übernahm im Bauernkrieg die Führung der Aufständischen im Odenwald; kämpfte später im Dienste Karls V. gegen die Türken.
2. Prinz Eugen von Savoyen, kaiserlicher Feldherr, berühmt wegen seiner Siege über die Türken: 1687, 1697, 1716 und 1717.
3. Edikt von Nantes: politische Gleichberechtigung der Protestanten in Frankreich
4. August der Starke, Kurfürst von Sachsen
5. Potsdam, Aufnahme der Hugenotten in Brandenburg
6. George Washington
7. Washington
8. Mainzer Republik
9. Sanssouci

A 50

1. Kaiserkrönung Karls des Großen (800)
2. Greifswald wird Stadt (1250)
3. Johann Gutenberg geboren (1400)
4. Westfälischer Friede (1648)
5. Erste Tageszeitung erschienen (1650)
6. Gründung des Königreichs Preußen (1701)
7. Johann Sebastian Bach gestorben (1750)

A 52

1498	Seeweg nach Indien
1519	Magellan beginnt Weltumseglung
1685	Edikt von Potsdam
1763	Frieden von Hubertusburg, Ende des Siebenjährigen Krieges
1776	Unabhängigkeitserklärung der USA
1784	Erste Dampfmaschine in Betrieb
1789	Beginn der Französischen Revolution
1792/93	Mainzer Republik
1795	Dritte polnische Teilung
1803	Reichsdeputationshauptschluss
1806	Schlacht bei Jena und Auerstedt
1807	Frieden von Tilsit

A 53

Hohenzollern	Preußen
Wittelsbacher	Bayern
Wettiner	Sachsen
Württemberger	Württemberg
Staufer	Heiliges Römisches Reich Deutscher Nation
Welfen	Niedersachsen
Habsburger	Österreich
Anhalt-Zerbst	Zarin von Russland

Hohenzollern	Friedrich II. (der Große)
Wittelsbacher	Ludwig II.
Wettiner	August der Starke
Württemberger	Karl Eugen (zur Zeit Schillers)
Staufer	Friedrich Barbarossa
Welfen	Heinrich der Löwe
Habsburger	Maria Theresia
Anhalt-Zerbst	Katharina die Große

A 54

Anregung zu kreativem Schreiben, das auch geschichtliches Denken in einfachen Zusammenhängen fördern kann

A 55

Nürnberg	1511 erfindet Peter Henlein die Taschenuhr („Nürnberger Ei")
Wittenberg	1517 Luthers 95 Thesen gegen den Ablasshandel
Frankenhausen	1525 letzte Schlacht im Bauernkrieg, Niederlage der Bauern
Prag	1618 Prager Fenstersturz, Beginn des Dreißigjährigen Krieges
Münster/Osnabrück	1648 Westfälischer Frieden, Ende des Dreißigjährigen Krieges
Magdeburg	1654 Otto von Guerickes Experiment mit den Magdeburger Halbkugeln
Potsdam	1685 Edikt des Kurfürsten – Hugenotten erhalten Asyl
Königsberg	1701 Königreich Preußen gegründet
Valmy	1792 Kanonade von Valmy
Mainz	1792/93 Mainzer Republik, Georg Forster
Austerlitz	1805 Dreikaiserschlacht bei Austerlitz
Pressburg	1805 Friede von Pressburg zwischen Napoleon und Österreich sowie Russland
Jena, Auerstedt	1806 Schlacht, Preußen vernichtend geschlagen
Tilsit	1807 Frieden zwischen Napoleon und Preußen geschlossen. Preußen auf Ost- und Westpreußen, Brandenburg, Pommern und Schlesien beschränkt
Tauroggen	1812 Konvention von Tauroggen: Russisch-preußischer Neutralitätsvertrag
Leipzig	1813 Völkerschlacht, Napoleon vernichtend geschlagen
Elba	1814 Napoleon im Exil
Waterloo	1815 Napoleon von Blücher und Wellington geschlagen (Belle-Alliance)
Wien	1815 Wiener Kongress, „Neuordnung Europas" nach dem endgültigen Verschwinden Napoleons
Frankfurt am Main	1815 Gründung des Deutschen Bundes: 37 souveräne Fürsten und vier freie Städte

A 56

1.	Räder am Wagen	etwa 5 500
2.	Pflug	über 5 000
3.	Brot mit Sauerteig	über 3 800
4.	Papier	1 895
5.	Schubkarre	1 600
6.	Gabel	930
7.	Spiegel aus Glas	710
8.	Thermometer	408
9.	Fernrohr	393
10.	Postkutsche	380
11.	Scheibenglas (Fensterscheibe)	313
12.	Selters/Limonade	233
13.	Dampflokomotive	198
14.	Dampfschiff	195

A 57

1. Vereinigung schwäbischer, später auch anderer oberdeutscher Stände zur Sicherung des Landfriedens (1488 – 1534)
2. Im römisch-deutschen Reich die Vertretung der Reichsstände, maßgebend vor allem für die Reichsgesetzgebung.
   Reichsstände: die geistlichen Kurfürsten, Erzbischöfe, Bischöfe, Äbte der Reichsabteien; weltliche Kurfürsten, Herzöge, Landgrafen, Markgrafen, Reichsstädte
3. Vereinigung süddeutscher protestantischer Stände: Kurpfalz, Württemberg, Baden-Durlach, Ansbach-Bayreuth, später schlossen sich Hessen-Kassel, Brandenburg, Pfalz-Zweibrücken und 17 oberdeutsche Reichsstädte an. Kurz gesagt: eine Vereinigung protestantischer Territorien und Städte (1608)
4. Zusammenschluss der katholischen Reichsstände unter Führung Bayerns (1609)
5. Von Kaiser Karl V. Reichsacht gegen Luther verhängt (1521)
6. Bündnis zwischen Russland, Österreich und Preußen unter Führung Metternichs (1815), dem alle europäischen Staaten außer England und dem Papst beitreten
7. Abschluss des Augsburger Religions- und Landfriedens 1555: Sicherung des Nebeneinander von Katholiken und Anhängern der Augsburger Konfession (Protestanten)
8. Bezeichnung für die Gegenbewegung der katholischen Kirche gegen die Reformation
9. Badisches Herrschergeschlecht
10. Die vorherrschende Regierungsform in Europa im 17. und 18. Jahrhundert, absolute Monarchie, Monarch vereinigte alle staatlichen Tätigkeiten in seiner Hand.
11. Bayerisches Herrschergeschlecht
12. Kongress zur politischen und territorialen Neuordnung Europas nach dem Ende der Napoleonischen Herrschaft (1815)

Als Quellen für Daten und Abbildungen wurden genutzt:

Atlas der großen Entdeckungsfahrten. Weltbild Verlag, Augsburg 2000

Bartel, Horst u.a. (Hrsg.): Deutsche Geschichte, Band 3. Deutscher Verlag der Wissenschaften, Berlin 1889

Davis, Kenneth C.: Wieso fließt der Nil bergauf? Verlagsgruppe Lübbe, Bergisch Gladbach 2000

Diere, Horst (Hrsg.): Geschichte in Übersichten. Volk und Wissen, Berlin 1982

Friedrich II.: Wonach Er sich zu richten hat. Urteile und Verfügungen. Hrsg. von Georg Piltz. Eulenspiegel Verlag, Berlin 1987

Harkcom, Stephanie/Reese, Armin/Semel, Stefan: Träume vom besseren Leben: 1648 – 1848 –1968. In: Geschichte – Erziehung – Politik, Berlin, Heft 9 (1998) 3

Koltrowitz, Bernd (Hrsg.): Geschichte Klasse 7. Volk und Wissen, Berlin 1999

Ploetz, Geschichtskompass Deutschland. Bearb. im Auftrag der Ploetz-Redaktion von Martina Weber. Ploetz, Freiburg (Breisgau) 1998

Viereck, Holger: Aus Fehlern lernen – Original und Fälschung im Geschichtsunterricht. In: Geschichte – Erziehung – Politik, Berlin, Heft 8 (1997) 3